TATA NA NGAI AKOPESA BINO YANGO NA NKOMBO NA NGAI

Dr. Jaerock Lee

"Solo solo Nazali koloba na bino ete, soko bokolomba Tata eloko nini na nkombo na Ngai, Akopesa bino yango. Kino sasaipi bolombi eloko na nkombo na Ngai te; bolomboka mpe bokozuaka ete esengo na bino etondisama."
(Yoane 16:23-24)

TATA NA NGAI AKOPESA BINO YANGO NA NKOMBO NA NGAI
na Dr. Jaerock Lee

Ebimisami na ba Buku Urim (Mokambi: Johnny H. Kim)
235-3, Gur-dong 3, Guro-gu, Seul Coree
www.urimbooks.com

Droit D'auteur. Buku oyo to mpe eteni na yango ekoki na kobimisama soko te, kofandisama kati na systeme moko na kobimisama ebele te, to mpe kopesama na lolenge soko nini to mpe, na lolenge na electronique, mecanique, photocopie, enregistrement to mpe nini, soki nzela epesami na mobimisi na yango te.

Makomi isantu nioso mazwami kati na Biblia Esantu iye ibengami, NEW AMERICAN STANDAED BIBLE, ®, Copiright © 1960, 1962, 1963, 1968, 1971, 1972, 1973, 1975, 1977, 1995 epai na Fondation Lockman. Isalemi soki nzela epesami.

Copyright © 2011 na Dr Jaerock Lee
ISBN: 979-11-263-1234-4 03230
Copyright na traduction © 2009 na Dr. Esther K. Chung salami soki nzela epesameli.
Kobimisama na liboso na koto na ki Coreen na Ba Buku Urim na 1990

Kobimisama na Liboso na Fevrier 2009
Kobimisama na Mibale Août 2011

Edition na Dr. Geumsun Vin
Desin na Ndako na Edition na ba Buku Urim
Mpona koyeba mingi na koleka, contacter urimbook@hotmail

Liteyo na Tango na Bobimisi na Buku

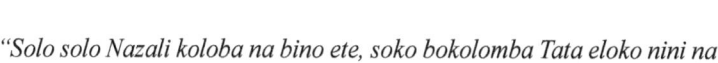

"Solo solo Nazali koloba na bino ete, soko bokolomba Tata eloko nini na nkombo na Ngai, Akopesa bino yango" (Yoane 16:23).

Bokristu ezali bondimi wapi bato bakokutanaka na Nzambe na bomoi mpe bamonaka mosala na Ye na nzela na Yesu Christu. Mpo ete Nzambe Azali Oyo na Nguya Nioso Nzambe Ye oyo Akela ba likolo mpe mokili mpe Akonzaka lisituale na univer mpe bomoi mpe lokola, kufa, kolakelama mabe, mpe mapamboli na bato, Ayanolaka mabondeli na bana na Ye mpe Alingaka bango babika bomoi epambolama lokola bana na Nzambe.

Moto nani nani oyo azali muana solo na Nzambe Amemaka elongo na ye moko bokonzi na wapi abengami muana na Nzambe. Na bokonzi oyo, akoluka kobika bomoi na wapi nioso ekoki, amona ete ye azangi eloko moko te. Mpe abika bomoi na ntina moko ten a koyokela zua to likunia epai na basusu. Na kobikaka bomoi na kotondisama na ebele, makasi, mpe kokende liboso, asengeli na kopesa nkembo epai na Nzambe na nzela na bomoi na ye.

Mpona kobika bomoi oyo na kopambolama, moto asengeli mpenza kososola mobeko na mokili na molimo mpona koyanolana na Nzambe mpe azwa eloko nioso oyo esengaki ye Nzambe na nkombo na Yesu Christu.

Mosala oyo ezali lisanga na mateya maye mateyamaka nan tango eleka mpona bandimi nioso, mingi mingi ba oyo na tembe moko te bandimela Nzambe na Nguya Nioso mpe bazali kolikia kobika ba bomoi matondisama na biyano na Nzambe.

Tika ete mosala oyo Tata na Ngai Akopesa bino na nkombo na Ngai ezala esungeli eye ezali kotambwisa batangi nioso mpo ete bakoma na bososoli na mobeko na mokili na molimo mpona biyano na Nzambe mpe epesa na bango makoki na kozwa nioso esengaki bango kati na kobondela, na nkombo na Yesu Christu Nabondeli!

Napesi matondi na ngai nioso mpe nkembo epai na Nzambe mpona kondimela buku oyo eye ebombi Liloba na Ye na motuya ete ebimisama mpe natalisi matondi na ngai na solosolo epai na bango nioso oyo basalaki makasi mpona mosala oyo.

Jaerock Lee

Table de Matieres
TATA NA NGAI AKOPESA BINO YANGO NA NKOMBO NA NGAI

Liteyo na Tango na Bobimisi

Chapitre 1
Ba nzela mpona Kozwa Biyano na Nzambe   1

Chapitre 2
Tosengeli na Kosenga epai na Ye   15

Chapitre 3
Mobeko na Molimo Mpona Biyano na Nzambe   25

Chapitre 4
Bobebisa Lopango na Lisumu   39

Chapitre 5
Bokobuka oyo Elonaki Bino   51

Chapitre 6
Elia Azwaki Koyanolama na Nzambe na Nzela na Moto   65

Chapitre 7
Lolenge nini Kokokisa ba Mposa na Motema na Bino   77

Chapitre 1

Ba Nzela mpona Kozwa Biyano na Nzambe

"Bana, bolingana na bolingo na maloba te soko na monoko te kasi na bolingo na misala mpe na solo. Tokoyeba été tozali bato na solo na nzela oyo, mpe tokondimisa mitema na biso na nzela na Ye ; mpo été ata mitema na biso mikokweisa biso, Nzambe Aleki mitema na biso na monene mpenza mpe Ye Ayebi makambo nioso. Balingami soko mitema mikokkweisaka biso te, tozali na molende liboso na Nzambe mpe soko tokosenga eloko nini, tokozua yango epai na Ye mpo été tokokokisa malako na Ye mpe tokosalaka makambo mazali malamu na miso na Ye"

(1 Yoane 3 :18-22).

Moko na moto na esengo monene mpona bana na Nzambe ezali mpo ete Nzambe na Nguya Nioso Azali na Bomoi, Ayanolaka mabondeli na bango, mpe kati na nioso Asalaka mpona malamu na bango. Bato oyo bandimelaka likambo oyo bakobondelaka kati na molende mpo ete bakokoka kozwa eloko nioso na wapi bango bazali kosenga epai na Nzambe mpe bapesa nkembo epai na Ye na makambo kati na mitema na bango. 1 Yoane 5:14 elobeli biso ete, "Molende oyo ezali na biso mpona Ye ezali boye ete, 'soko tokosenga eloko nini kati na mokano na Ye, Ye Akoyoka biso." Eteni esosolisi na biso ete na tango tokosenga kolandisama na mokano na Ye, esengeli na biso kozwa eloko nini nini epai na Ye. Ata mabe nini moboti akoki kozala na yango, na tango muana mobali asengi lipa akopesa ye libanga te, mpe na tango azali kosenga mbisi mama akopesa na ye nyoka te. Nini bongo, ekoka kopekisa Nzambe na kopesa bana na Ye makabo malamu na tango bango basengi na Ye mpona bango?

Na tango muasi na Kanana kati na Matai 15:21-28 ayaka liboso na Yesu, azwaka kaka biyano ten a mabondeli na ye kasi mpe akokisaki bosenga na motema ye. Ata soki muana na ye mwasi azalaki konyokwama na bokangami na milimo mabe, muasi asengaki na Yesu ete Abikisa muana na ye na muasi mpo ete andimaki ete nioso ekokaki na ba oyo bandimi. Nini bokanisi ete Yesu Asalaki mpona muasi Mopagano ye oyo asengaki na Ye mpona lobiko na mwana na ye mwasi na kozanga na kotika te? Lolenge tomoni kati na Yoane 16:23 ete, "Na mokolo yango bokotunatuna Ngai te. Solo solo Nazali koloba na bino été soko bokolomba Tata eloko nini na nkombo na Ngai , Akopesa bino yango," Sima na komona kondima na muasi oyo,

Yesu na mbala moko Apesaki bosenga na ye. 'E mama,kondima na yo ezali monene mpenza ! Esalemela yo lokola elingi yo" (Matai 15 :28). Boni kokamwisa mpe sukali eyano na Nzambe ezali! Soki tondimeli Nzambe na bomoi, lokola bana na Ye tosengeli kopesa nkembo epai na Ye na kozwaka nioso tosengani epai na Ye. Na makomi na wapi Chapitre oyo efandisami, tika ete total aba nzela wapi tokoki kozwa biyano na Nzambe.

Tosengeli Kondimela Nzambe Oyo Alaka Koyanola Biso

Kati na Biblia, Nzambe Alaki na biso ete Akoyanola solo libondeli na biso mpe bosenga. Na bongo, kaka soki tozali kobeta tembe te mpona elaka na Ye oyo nde tokoka kosenga mpe tozwa nioso mpona oyo ezali biso kosenga epai na Nzambe.

Mituya 23:19 etangi ete "Nzambe Azali moto te ete, Akata lokuta, mpe mwana na moto te ete Abongola motema. Asili koloba mpe Akosala yango te? To, Asili kopesa monoko mpe Akokisa yango teKati na Matai 7:7-8 Nzambe Alaki na biso ete, "Bosengaka mpe bakopesa na bino; boluka mpe bokozuaka; bobetaka mpe bakozipwela bino. Pamba te moto na moto oyo akolombaka akozua; ye oyo akolukaka akomona; bakozipwela ye oyo akobetaka."

Kati na Biblia ezali na ebele na makomi elobeli bilaka na Nzambe, ete Akoyanola na biso soki tosengi kolandisama na mokano na Ye. Eye elandi ezali moke na ba ndakisa:

"Bongo Nazali koloba na bino solo ete, 'biloko nioso bizali

bino kobondela mpe kosenga bondima ete bosili kozua yango mpe ikozala na bino" (Malako 11:24).

"Soko bokoumela kati na Ngai mpe maloba na Ngai makoumela kati na bino, bolomba likambo nini lilingi bino mpe ekosalamela bino" (Yoane 15:7).

"Mpe Likambo nini likolomba bino na nkombo na Ngai, Ngai Nakosala yanngo ete Tata Akumisama kati na Mwana" (Yoane 14:13).

"Bokobianga Ngai mpe bokokende kobondela Ngai mpe Nakoyokamela bino. Bokoluka Ngai mpe bokozua Ngai wana bokoluka Ngai na motema na bino mobimba" (Yilimia 29:12-13).

"Bianga Ngai na mokolo na mpasi mpe Ngai Nakobikisa yo, yo mpe okokumisa Ngai" (Nzembo 50:15).

Elaka oyo na Nzambe emonani mbala na mbala kati na Kondimana na Kala mpe Kondimana na Sika. Ata soki ezalaki kaka na likomi moko etalaki elaka oyo, tokosengalaki na kokangama na yango mpe tobondela mpona kozwa bilaka na Ye. Kasi, mpo ete elaka oyo emonani kati na Biblia mbala mingi, tosengeli solo kondima ete Nzambe Azali solo na bomoi mpe ete Asalaka lolenge moko lobi eleka mpe lelo mpe libela na libela (Baebele 13:8).

Lisusu, Biblia elobeli biso mpona bapambolami mingi na mibali mpe na basi ba oyo bandimaka Liloba na Nzambe, balombaka, mpe bazwaka biyano na Ye. Tosengeli kolanda kondima na motema na bato yango mpe totambwisa bomoi na biso moko na wapi tokozwaka tango nioso biyano na Ye. Na tango Alobaki na ebosono kati na Malako 2:1-12, ete, "Masumu nay o malimbisami. Telema kamata litoko nay o mpe kenda na ndako nay o;" ebosono yango atelemaki, akamataki litoko na ye mpe atambolaki na miso na bato nioso, mpe bazengeleke nioso bakamwaki mpe bakokaki kaka kosanjola Nzambe.

Kapitene na basoda kati na Matai 8::5:13 Ayaka liboso na Yesu mpona moumbo na ye oyo azalaki kobela na mbeto na ye na ndako, kati na kobanga mingi mpe alobelaki Ye ete, "Loba se liloba lioko, moumbo na ngai akobika" (v. 8). Toyebi ete Yesu Alobaki na kapitene ete, "Kenda, esalemela yo lolenge endimi yo," mosali na kapitene abikaki na ngonga moko wana(v.13).

Moto na mbala kati na Malako 1:40-42 ayaki epai na Yesu mpe abondelaki Ye na mabolongo na ye ete, "Soki olingi ngai napetolama" (v.40). Lokola atondisamaki na mawa mpona moto na mbala, Yesu asembolaki loboko na Ye mpe Asimbaki moto yango, "Nalingi yango; yo petolama!" (et.41) tomoni ete mbala elongwaki moto yango mpe apetolamaki.

Nzambe Andimelaka bato nioso ete bazwa nini nini basengi na Ye na nkombo na Yesu Christu. Nzambe mpe Alikiaka bato nioso bandimela Ye oyo Alaka koyanola mabondeli na bango, babondela na motema embongwanaka ten a kotikaka te, mpe bakoma ban aba Ye bapambolama.

Lolenge na Kobondela oyo Nzambe Ayanolaka Te

Na tango bato bandimi mpe babondeli kolandisama na mokano na Nzambe, babiki kolandisama na Liloba na Ye, mpe bakufi lolenge nkona na lisango ekokufaka, Nzambe Akotala motema na bango mpe komikaba na bango mpe Akoyanola libondeli na bango. Kasi, soki ezali na bato oyo bakoki te kozwa biyano na Nzambe ata kobondela na bango, nnini ntina ekozala? Ezalaki na ebele na bato kati na Biblia ba oyo bazangaki kozwa biyano na Ye ata soki babondelaki. Na kotalaka tina oyo bato bazangaki kozwa biyano na Nzambe, tosengeli koyekola lolenge nini tokoki kozwa biyano epai na Ye.

Yambo, soki tokobomba masumu kati na motema na biso mpe tobondeli, Nzambe Alobi na biso ete Akoyanola libondeli na biso te. Nzembo 66:18 elobi na biso ete, "Soko nakanisi bokesene kati na motema na ngai, nde Nkolo Ayanoli ngai te," mpe Yisaya 59:1-2 ebanzisi biso ete, "Tala loboko na YAWE ezali mokuse te ete ezanga kobikisa; litoi na Ye ezali na bozito te ete ezanga koyoka. Kasi mabe na bino makaboli kati na bino mpe Nzambe na bino; mpe masumu na bino mabombeli bino elongi na Ye ete Ayoka te." Mpo ete moyini zabolo akokanga libondeli na biso likolo na masumu na biso, ekobetakabetaka kaka mopepe mpe ekokoma na ngwende na Nzambe te.

Mibale, soki tokobondelaka kati na kowelana na bandeko na biso babali, Nzambe Akoyanola biso te. Mpo ete Tata na bison a Lola Akolimbisa biso te soki kaka tolimbisi bandeko na biso longwa na motema na biso (Matai 18:35), libondeli na biso ekoki mpe te koyanolama epai na Nzambe soko mpe te koyanolama.

Misato, soki tozali kobondela mpona kosepelisa ba mposa na biso mabe, Nzambe Akoyanola kobondela na biso te. Soki tokotala nkembo na Ye mpamba kasi tokobondela kolandisama ba mposa na masumu kati na motema na biso mpe tokobungisa oyo Apesi biso kati na kosepelisa nzoto na biso moko, Nzambe Akoyanolaka biso te (Yakobo 4:2-3). Ndakisa mpona mwana mwasi motosi mpe motangoi malamu tata akopesa misolo na kosunga tango nioso ekosengaka ye yango. Na mwana mwasi oyo akotosaka te oyo akolandelaka kotanga na ye te, tata akolinga kopesa na ye misolo te, mpe akobanga ete ye abebisa yango kati na makambo na mpamba. Na lolenge moko, soki tokosenga eloko kati na baposa mabe mpe mpona kosepelisa ba mposa na nzoto na masumu, Nzambe Akoyanola biso te mpo ete tokoki kokende nzela ekomemaka na libebi.

Minei, tosengeli te kobondela to mpe konganga mpona basambeli na bikeko (Yelemia 11:10-11). Mpo ete Nzambe Ayinaka bikeko likolo na nioso, tosengeli kaka kobondela mpona lobiko na milimo na bango. Libondeli nioso to mpe lolombo epesami mpona bango to mpe na ntina na bango ekoyanolama te.

Mitano, Nzambe Ayanolaka te libondeli etondisami na tembe mpo ete tokoki kozwa biyano na Nkolo kaka na tango tondimi mpe tobeti tembe te (Yakobo 1:6-7). Nandimi ete mingi kati na bino bozali banzengeleke na kobikisama na malali makokaki kobikisama te mpe koyanolama na makambo mamonanaki lokola makoki te kosilisama na tango bato basengaki na Nzambe ete Asala. Yango ezali mpo ete Nzambe Aloba na biso ete "Nazali koloba na bino solo ete soko moto nani akoloba na ngomba oyo ete, 'Longwa, bwakama kati na mai monene, mpe akotia tembe kati na motema na ye te, kasi andimi ete yango ezali ye koloba ekobima boye, ekosalema mpona ye" (Malako 11:23). Bosengeli koyeba ete libondeli oyo etondisami na tembe ekoki te koyanolama mpe kaka libondeli oyo elandisami na mokano na Nzambe ekomemaka koyanolama eye ekoki te kobetisama tembe.

Motoba, soki tozali te kotosa mibeko na Nzambe, mabondeli na biso ekoyanolama te. Na tango totosi mibeko na Nzambe mpe tosali oyo esepelisaka Ye, Bilia elobi na biso ete tokoki kozala na molende liboso na Nzambe mpe tozwa epai na Ye eloko nini nini ekosenga biso (1 Yoane 3:21-22). Mpo ete Masese 8:17 elobi na biso ete, "Nalingaka ba oyo bakolingaka Ngai; mpe ba oyo balukaka Ngai bakutanaka na Ngai," libondeli na bango oyo bakotosaka malako na Nzambe kati na bolingo na bango mpona Ye (1 Yoane 5:3) ekoyanolama solo mpenza.

Sambo, tokoki te kozwa koyanolama na Nzambe soki kolona ezali te. Mpo ete Bagalatia 6:7 etangi ete, "Bomikosama te; Nzambe Akokosama te. Soko moto akokona nini, akobuka se bobele yango,» mpe 2 Bakolinti 9 :6 elobi na biso été, 'Ezali bongo été ye oyo akokona moke mpe akobuka moke nde ye oyo akokona mingi, akobuka mpe mingi,» soko kokona ezali te moto akoki mpe kobuka te. Soki moto akokona mabondeli, molimo na ye mpe ekotambola malamu ; soki akolona mabonza, akozwa mapamboli na misolo ; mpe soki akolona na misala na ye, akozwa mapamboli na nzoto malamu. Na mokuse, bosengeli kolona eye elingi bino kobuka mpe bolonaka bongo mpona kozwa biyano na Nzambe.

Lisusu likolo na ba konditioin likolo, soki bato bakozanga kobondela na nkombo na Yesu Christu to mpe bazangi kobondela longwa na motema na bango, to mpe bakokoba na kozongela maloba moko, mabondeli na bango ekoyanolama te. Kowelana kati na mwasi na mobali na ye (1 Petelo 3:7) to mpe kozanga kotosa epesi bango biyano na Nzmabe te. Tosengeli na tango nioso kobatela kati na bongo ete ba condition na likolo ekotongaka lopango na kokabwana kati na biso mpe Nzambe; Akobalolela biso elongi mpe Akoyanola mabondeli na biso te. Na bongo, tosengeli naino koluka bokonzi na Nzambe mpe bosembo na yango, tobelela epai na Ye kati na kobondela mpona kokokisa bosenga na motema na biso, mpe na tango nioso tozwa biyano na Ye kati na molende makasi kino suka.

Ba Sekele Mpona Kozwa Biyano kati na Mabondeli na Biso

Na ebandeli na bomoi na biso kati na Christu, moto azali na kokokana na mwana bebe, mpe Nzambe Ayanolaka na mbala moko libondeli na ye. Mpo ete moto ayebi naino solo nioso te, soki akotia ata moke na misala Liloba na Nzambe oyo azali koyekola, Nzambe Akoyanola ye lokola azalaki mwana bebe moke kolela miliki, mpe Akomema ye ete akutana na Nzambe. Na lolenge azali kokoba na koyoka mpe kososola solo, ye akokola mpona kokola bebe "mokoli", mpe na lolenge ekotia ye solo na misala, Nzambe Akoyanola ye. Soki moto akoli na koleka etape na mwana na molimo kasi ye akobi na kosumuka na azangi na kobika kati na Liloba, akoki te kozwa biyano na Nzmabe; longwa na esika wana, akomona biyano na Nzmabe kaka lolenge ekokokisa ye kobulisama.

Na bongo, mpona bato oyo naino bazwi biyano na Ye te kozwa biyano yango, basengeli naino kotubela, balongwana ba nzela na bango mabe, mpe babanda kobika bomoi na kotosa wapi bango bazali kobika kati na Liloba na Nzambe. Na tango baingeli kati na solo sima na kotubela na kopasola mitema na bango, Nzambe Akopesa na bango mapambooli na kokamwisa. Mpo ete Yobo azalaki na kondima efandisamaki kaka lokola mmayebi, na ebandeli ayimaki mpona Nzambe na tango mimekano mpe minyoko eyelaki ye. Sima na Yobo kokutana na Nzambe mpe kotubela na kopasola motema na ye, alimbisaki baninga na ye mpe abikaki kolandisama na Liloba na Nzambe. Bongo, Nzambe Apambolaki Yobo na mbala mibela na koleka oyo azalaki na yango liboso (Yobo 42:5-10).

Yona amelamaka na mbisi monene mpona bozangi kotosa na ye Liloba na Nzambe. Kasi, na tango abondelaki, ayambolaki, mpe apesaki matondi kati na kobondela na ye kati na kondima, Nzambe Apesaki motindo na mbisi monene, mpe yango esanzaki Yona na mokili 9Yona 2:1-10).

Na tango tolongwe na ba nzela na biso mabe, toyamboli, mpe tobiki kolandisama na mokano na Tata, tondimi, mpe tobeleli epai na Ye; moyini zabolo akoya na nzela moko kasi akopota mbangu na ba nzela sambo. Na bongo, ba bokono, ba kokoso na bana na biso, mpe ba kokoso na makambo matali misolo ekosilisama. Monyokoli mobali akokoma akokoma mobali malamu mpe mobali molingami mpe libota kitoko kobimisa solo na mbeka na malasi malamu na Christu ekopesa nkembo monene epai na Nzambe.

Soki tolongwe na ba nzela na biso, totubeli, mpe tozwi biyano na Ye kati na mabondeli na biso, tosengeli kopesa nkembo epai na Nzambe na kotatolaka esengo na biso. Na tango tosepelisi mpe topesi nkembo epai na Ye na nzela na matatoli na biso, Nzambe Akozwaka kaka nkembo mpe Akosepela na biso kaka te mpe Akozwa lisusu makasi na kosenga na biso ete, "Eloko nini esengeli na Ngai kopesa na bino?" Toloba ete moboti apesi na mwana na ye mobali libonza mpe mwana mobali amonani na kopesa matondi te to mpe atalisi matondi na ye na lolenge moko boye. Mama akoki tango mosusu koluka na kopesa na ye eloko mosusu te. Kasi soki mwana mobali akomi kosepela na libonza yango mpe asepelisi mama na ye, akokoma na esengo na koleka mpe akolikia ete akokaki kopesa mabonza na koleka mpe abongama na lolenge esengeli mpona yango. Na lolenge moko, tokozwa eye eleki wpai na Nzambe na tango topesi nkembo epai na Ye na koyebaka malamu ete Tata na biso Asepelaka mingi na ban aba Ye oyo bazali kozwa biyano na kobondela na bango mpe Apesaka lisusu mabonza eleki malamu na ba oyo bakotatolaka na biyano na Ye.

Tika ete biso nioso tosenga kolandana na mokano na Nzambe, totalisa epai na Ye kondima na biso mpe komikaba mbeka, mpe tozwa epai na Ye nini nini ekosenga biso. Kotalisa Nzambe kondima na biso mpe komipesa ekoki komonana eloko na pasi na miso na moto. Kasi, kaka na sima na biso kobwaka masumu na bozito oyo etelemaka na solo, tobwaki miso na bison a Lola na seko, tozwi biyano na mabondeli na biso, mpe totongi mabonza na bison a bokonzi na Lola, nde bomoi na biso ekotondisama na esengo mpe na kopesaka matondi mpe na esengo mpe na solo eye esengeli. Lisusu, bomoi na biso ekotondisama na mapamboli mpo ete mimekano mpe ba pasi mikobenganama mpe malamu kati na solo ekoki koyokama kati na kotambwisama na Nzambe mpe na kobatelama na Ye.

Tika ete moko na moko kati na bino asenga nini nini ekolingaka bino, bobondela makasi, bobundisa masumu mpe botosa malako na Nzmabe mpona bino kozwa nioso ezali bino kosenga, bosepelisa Ye kati na makambo nioso, mpe bopesa nkembo monene epai na Ye, na nkombo na Yesu Christu Nabondeli!

Chapitre 2

Tosengeli na Kokoba Kosenga Epai na Ye

Na ntango yango bokokanisa kotambola mabe na bino mpe misala malamuu ten a bino; mpe bokomiyina bino mpenza na ntina na masumu na bino mpe mbindo na bino. Na Sali oyo na ntina na bino te, boyeba yango; boyoka nsoni mpe bomisokisa mpo na kotambola na bino, ε ndako na Yisalele. Nkolo YAWE Alobi bongo. Nkolo YAWE Alobi boye ete, 'Na mokolo Ngai Nasukoli bino na masumu na bino nioso, Nakofandisa baton a mboka, mpe bisika bibebaki bikotongama. Mabele mazalaki mpamba ekotimolama, awa ezali yango mpamba na miso na bato nioso balekaki. Mpe bango bakoloba ete, 'Mabele oyo mazalaki mpamba ekomi lokola Elanga na Edene; mpe mboka oyo mpamba, ibebaki mpe ibukanaki, sikawa ilendisami mpe bato bafandi na yango. Na ntango yango matikali penepene na bino bakoyeba ete Ngai YAWE Nasili kotonga bisika bibebaki, mpe Nasili kokona yango ezalaki mpamba; Ngai YAWE Nasili koloba yango, mpe Nakosala yango. Nkolo YAWE Alobi boye ete, 'Nakotika ndako na Yisalele kobondela Ngai ete Nasala oyo mpo na bango lokola ete, kofulisa baton a bango lokola etonga."

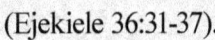

(Ejekiele 36:31-37).

Na nzela na ba buku ntuku motoba na motoba kati na Biblia, Nzambe oyo Azali lolenge moko lobi, lelo, mpe libela na libela (Baebele 13:8) Atatoli na oyo ete Ye Azali na bomoi mpe Azali kosala. Epai na ba oyo nioso bandimeli Liloba na Ye mpe batosi yango kati na Kondimana na Kala, na Kondimana na Sika, mpe lelo, Nzambe Atalisa bango kati na sembo bilembo na mosala na Ye.

Nzambe mokeli na nioso kati na likolo mpe Mokonzi na bomoi, kufa, kolakelama mabe, mpe kopambolama na bato Apesa elaka mpona "kopambola" biso (Dutelonome 28:5-6) lolenge biso tondimeli mpe totosi Liloba na Ye nioso oyo ezwami kati na Biblia. Sasaipi, soki biso tondimi mpe totosi likambo oyo na nkamwa mpe na kitoko mingi, nini ekoki biso kozanga mpe nini biso tokozwaka te? Tokuti kati na Mituya 23:19 ete, "Nzambe Azali moto te ete Akata lokuta, mpe mwana na moto te ete Abongola motema. Asili koloba mpe Akosala yango te? To Asili kopesa monoko mpe Akokokisa yango te?" Bongo ekoloba Nzambe nde Asala te? Ekolaka Ye mpe Akokisa yango te? Lisusu, wuta Yesu Alaka biso kati na Yoane 16: 23 ete, "Solo, solo Nazali koloba na bino ete, soko bokosenga Tata eloko nini na nkombo na Ngai, Akopesa bino yango," Bana na Nzambe bapambolama solo.

Boye, esengeli kaka mpona bana na Nzambe babika ba bomoi wapi ezali bango kozwa nioso bazali kosenga mpe bazali kopesa nkembo epai na Tata na bango na Lola. Bongo mpo nini, ebele na Bakristu bakoki te kobika bomoi na lolenge wana? Kati na makomi esika wapi chapitre oyo euti, tika biso totala lolenge nini tokoki tango nioso kozwa biyano na Nzambe.

Nzambe Alobi mpe Akosalela Yango Kasi Tosengeli Kaka na Kosenga Ye

Lokola baponami na Nzambe, baton a Yisalele bazwaki mapamboli ebele. Bazwaki elaka ete soki bakotosaka na mobimba mpe balandi Liloba na Nzambe, Akotombola bango likolo na bikolo nioso na mokili, Apesa na maboko na bango bayini nioso oyo bakotombwamaka likolo na bango ete bakweya liboso na bango, mpe Apambola biloko nioso ekosimba bango (Dutelonome 28:1, 7,8).

Mapamboli na lolenge oyo eyaki likolo ba Bayisalele na tango bango batosaki Mobeko na Nzambe, kasi na tango esalaki bango mabe, batosaki te Mobeko, mpe bangumbamelaki bikeko, kati na nkanda na Nzambe bango bamemamaki baumbo mpe mokili na bango ebebisamaki.

Na tango wana, Nzambe Alobelaki Bayisalele ete soki batubelaki mpe balongwaki na ba nzela na bango mabe, Akosala ete mabele mabebaki ebalolama lisusu mpe bisika mibebaka mitongama lisusu. Lisusu, Nzambe Alobaki ete "Ngai, YAWE, Nalobi mpe Nakosala yango...Nakotika ndako na Yisalele kobondela Ngai ete Nasala oyo mpona bango lokola" (Ejekiele 36:36-37).

Mpo nini Nzambe Alakaki na Bayisalele ete Akosala mpe esengelaki na bango lisusu "kosenga" na Ye?

Ata soki Nzambe Ayebi bosenga na biso liboso na biso

kosenga epai na Ye (Matai 6:8), Aloba mpe na biso ete, "Bosenga mpe bakopesaka bino; boluka mpe bokozuaka; bobeta mpe bakozipwela bino. Pamba te moto na moto oyo akolombaka akozua; ye oyo akolukaka akomona; bakozipwela ye oyo akobetaka. Nani kati na bino, soko mwana na ye akosenga na ye lipa, akopesa ye libanga? Soko akosenga mbisi, akopesa ye nyoka? Boye, soko bino bato mabe, boyebi kopesa bana na bino makabo malamu, Tata na bino na likolo Akoleka te kopesa biloko malamu na bango bakolombaka Ye?" (Matai 7:7-11)

Lisusu, lokola elobeli biso Nzambe kati na Biblia tokosengela kosenga mpe tobelela epai na Ye mpona biso kozwa biyano na Ye (Yelemia 33:3; Yoane 14:14), Bana na Nzambe ba oyo bakondimelaka solo Liloba na Ye basengeli na kosenga Nzambe ata soki Alobaki na bango mpe Alakaki ete Akosala.

Na loboko moko,, na tango Nzambe Alobi ete, "Nakosala yango," soki tondimi mpe totosi Liloba na Ye, tokozwa biyano na Ye. Na ngambo mosusu, soki tobeti tembe, tomeki Nzambe, mpe tozangi kopesa matondi kasi toyimi kati na ba tango na komekama mpe na konyokwama- na mokuse, soki tozangi kondima bilaka na Nzambe- tokoki te kozwa biyano na Nzambe. Ata soki Nzambe Alakaki ete "Nakosala yango," elaka yango ekoki kokokisama kaka na tango totelemi ngwi na elaka kati na kobondela mpe na misala. Moto akoki te koloba ete azali na kondima soki ye akosengaka te kasi akotala kaka na elaka yango mpe akolobaka ete, "Mpo ete Nzambe Alobi bongo, yango ekosalema." Akozwa soko elaka na Nzambe te mpe misala ekolandisama na yango emonani te.

Tosengeli Kosenga Mpona Kozwa Biyano na Nzambe

Yambo, bosengeli kobondela mpona kobuka efelo eye etelemi kati na bino mpe Nzambe.

Na tango Daniele amemamaki moumbo na Babilone sima na kokweya na Yelusaleme, akutanaki na Makomi kolobelaka masakoli na mosakoli Yelemia mpe ayekolaki ete kobebisama na Yelusaleme ekosila sima na ba mbula ntuku sambo. Kati na ba mbula yango ntuku sambo, lokola eyekolaki Daniele, Yisalele akosalela mokonzi na Babiloni. Kasi na tango ba mbula ntuku sambo ikosila, mokonzi na Babiloni, mboka na ye, mpe mabele na Bakaladi ikolakelama mabe mpe ekokoba na kozanga bafandi likolo na masumu na bango. Ata soki Bayisalele bakangemaki baumbo na Babilini na tango wana, Esakola na Yelemia ete bango bakozwa bonsomi mpe bakozonga na mboka na bango sima na ba mbula ntuku sambo ezalaki mua ngonga na esengo mpe na kopesa makasi mpona Daniele.

Ata bongo Daniele asalaki te, ata soki akokaki kokabola esengo na ye elongo na bandeko ba ye Bayisalele. Kasi, Daniele akangagi mabondeli liboso na Nzambe kati na kolela, na kokila bilei, kolata naki mpe na mputulu. Mpe ye atubelaki mpona ye moko mpe mpona Bayisalele kosumuka, kosala mabe, kozala baton a nkanja, batomboki,, mpe kolongwa liboso na malako na Nzambe mpe mibeko (Daniele 9:3-19).

Nzambe Atalisaki na nzela na mosakoli Yelemia lolenge nini te boumbo na baton a Yisalele ekosila, Asakolaki kaka suka na boumbo sima na b aba zomi sambo na ba nkoto na ba mbula. Mpo ete Daniele ayebaka mobeko na mokili na molimo, kasi ye ayebaki mpe ete efelo na masumu liboso na Yisalele mpe Nzambe esengelaki naino kobukama mpona Liloba na Nzambe kokokisama. Na kosalaka bongo, Daniele atalisaki kondima na ye kati na mosala. Lolenge ebondelaki mpe ekilaki Danielempona ye moko mpe mpona Yisalele- mpona mabe basalaki liboso na Nzambe mpe bilakeli mabe balakelamaki na yango, Nzambe Akweisaki efelo, Ayanolaki Daniele, Apesaki na Yisalele ba poso ntuku sambo "na sambo, mpe Atalisaki mabombami misusu epai na ye.

Lolenge ekomi biso bana na Nzambe ba oyo bazali kosenga kolandisama na Liloba na Tata na biso, tosengeli kososola ete kobuka lopango na lisumu eyaka liboso na kozwa biyano na kobondela na biso mpe tokomisa kobuka lopango yango likambo na liboso mpona kosala.

Ya mibale, tosengeli kobondela kati na kondima mpe kati na kotosa.

Kati na Esode 3:6-8 totangi mpona elaka na Nzambe mpona baton a Yisalele, ba oyo nan tango wana bazalaki boumbo kati na Ejipito, ete Ye Akobimisa bango libanda na Ejipito mpe Atambwisa bango na Kanana, mokili kotangisa miliki mpe mafuta nzoi. Kanana ezali mabele eye Nzambe Alakaka na Bayisalele mpona kopesa bango lokola ya bango (Esode 6:8).

Alakaka kati na seleka ete Akopesa mokili na Kanana epai na bakitani na bango mpe Apesaki na bango motindo na komata (Esode 33:1-3). Ezali mabele na elaka esika wapi Nzambe Apesaka motindo na Yisalele babebisa bikeko nioso kati na yango mpe Akebisaki na bango mpona kosala kondimana na bato bazali kobika kuna mpe ba nzambe na bango, mpo ete Bayisalele basala motambo kati na bango moko mpe Nzambe na bango. Oyo ezalaki elaka na Nzambe oyo Akokisaka kaka nioso elaki Ye. Bongo mpona nini Bayisalele bakokaki te kokota na Kanana?

Kati na kozanga kondima na bango epai na Nzambe mpe nguya na Ye, baton a Yisalele bayimakiyimaki mpona Ye (Mituya 14:1-3) mpe batosaki Ye te, nde bongo bazangaki kokota Kanana na tango bakomaki na mondelo na yango (Mituya 14:21-23; Baebele 3:18-19). Na mokuse, ata soki Nzambe Alakaki Bayisalele mokili na Kanana, elaka yango ezalaki na ntina moko te soki bandimaki te to mpe batosaki Ye te. Soki bandimelaka mpe batosaka Ye elaka yango solo elingaki kokokisama. Na suka, kaka Yosua na Kalebe ba oyo bandimelaki Liloba na Nzambe, elongo na bakitani na Bayisalele, bakokaki kokota Kanana (Yosua 14:6-12). Na nzela na lisituale na Yisalele, tika ete biso tokakanga na bongo ete tokoki kozwa biyano na Nzambe kaka na tango tosengi Ye na kotiela motema bilaka na Ye mpe kati na botosi, mpe tozwa biyano na Ye na kosengaka na Ye kati na kondima.

Ata soki Mose ye moko andimaki solo na elaka na Nzambe mpona Kanana, mpo ete Bayisalele bandimaki te nguya na

Nzambe, ata ye mpe apekisamelaki kokota mboka na elaka.

Mosala na Nzambe na ba tango moko eyanolamaka mpona kondima na moto moko kasi na ba tango misusu eyanolamaka kaka soki moto nioso kati na likambo yango atalisi kondima ekoka mpona kotalisama na mosala na Ye. Na kokota kati na Kanana, Nzambe Asengaki kondima na Yisalele mobimba, kaka te oyo na Mose. Ata bongo, mpo ete akokaki te komona kondima na lolenge oyo kati na baton a Yisalele, Nzambe Andimaki te kokota na bango kati na Kanana. Bobatela yango kati na bongo ete na tango Nzambe Alukaka kondima na moto moko kak te kasi na moto nioso kati na likambo yango, bato nioso basengeli kobondela kati na kondima mpe kati na kotosa, mpe bakoma moko kati na motema mpona kozwa biyano na Ye.

Na tango mwasi oyo azalaki konyokwama mpona ba mbula 12 na kotanga makila azwaki kobikisama na kosimba elamba na Yesu, Atunaki ete, "Nani asimbi elamba na Ngai?" Mpo mwasi yango atatolaki lobiko na ye liboso na bato nioso oyo basanganaki wana (Malako 5:25-34).

Moto oyo kotatolaka mpona mosala na Nzambe eye etalisamaki kati na bomoi na ye asuungaka basusu bakolisa kondima na bango moko mpe apesaka na bango makasi mpona kobongola bango na baton a kobondela ba oyo basengaka mpe bazwaka biyano na Ye. Mpona kozwa biyano na Nzmabe kati na kondima ekopesa na bazangi kondima bazwa kondima mpe bakutana na Nzambe na bomoi, ezali nzela kitoko solo mpona kopesa nkembo epai na Ye.

Kati na kondimela mpe na kotosa Liloba na lipamboli ezwama kati na Biblia, mpe kobatela kati bongo ete tosengeli kosenga ata soki Nzambe Alaki na biso ete, "Nalobaki mpe Nakosala yango," tika ete na tango nioso tozwa biyano na Ye, tokoma bana na Ye bapambolama, mpe topesa nkembo epai na Ye na makambo kati na mitema na biso.

Chaptire 3

Mobeko na Molimo Mpona Biyano na Nzambe

Abimaki mpe Akendaki na ngomba na bilaya pelamoko na motindo na Ye, mpe bayekoli babilaki Ye. Esilaki ye kokoma na esika yango, Alobaki na bango ete, 'Bobondela ete bokota kati na komekama te. Ye Alogwaki na bango mwa mosika lokola moto akobwaka libanga, Akumbaki mabolongo, mpe Abondelaki ete, 'Tata, soko Okani boye, longola kopo oyo na Ngai, kasi mokano na Ngai esalema te, kasi bobele mokano na Yo." Mwanje na Likolo amonanaki na Ye kokembisa Ye. Azalaki na pasi monene, mpe Abondelaki makasi, koleka, mpe kotoka na Ye ezalaki lokola matangi minene na makila kokweya na mabele. Atikaki kobondela, Atelemaki, mpe Ayaki epai na bayekoli. Akutaki bango na mpongi mpo na mawa, mpe Alobaki na bango ete, "Bolali mpona nini? Telema mpe bondela ete bokota kati na komekama te"

(Luka 22:39-46).

Bana na Nzambe bazwi kobikisama mpe bazali na nzela na kozwa epai na Nzambe nini ekosengaka bango kati na kondima. Yango ezali ntina totangi kati na Matai 21:22 ete, "Nioso ekosenga bino kati na kobondela, bondima ete bosili kozwa yango." Kasi, ebele na bato bakomitunaka mpo nini bazwaka te biyano na Nzambe simana kobondela, bakomituna soki libondeli na bango ekomaki epai na Nzambe, mpe bakobetaka tembe soki kutu Nzambe Ayokaki ata kobondela na bango.

Kaka lokola tolukaka koyeba lolenge esengeli mpe ba nzela mpona koleka kati na mobembo na kotungisama na esika moko boye, kaka na tango ekoyebaka biso lolenge esengeli mpe ba nzela na mabondeli nde tokoka kozwa biyano na Ye nan tango moko. Libondeli yango moko epesi na biso garati moko te mpona biyano na Nzmabe; tosengeli koyekola mobeko na mokili na molimo mpona biyano na Ye mpe tobondela kolandisama na mobeko wana.

Tika ete biso totala mobeko na molimo mpona biso kozwa biyano na Nzambe mpe kosangana na yango elongo na Milimo Sambo na Nzambe.

Mobeko na Mokili na Molimo mpona Biyano na Nzambe

Mpo ete mabondeli ezali kosenga na Nzambe na Nguya Nioso mpona biloko elikii biso mpe elingi biso, tokoki kozwa biyano na Ye kaka na tango tosengi na Ye kolandisama na Mobeko na mokili na molimo. Ebele moko te na maplome mpe makasi na moto kolandisama na makanisi na ye, ba method na ye, koyebana, mpe mayebi ekoyelaka ye ata biyano na Nzambe te. Mpo ete Nzambe Azali Mosambisi na Sembo (Njembo 7:11), Ayokaka mabondeli na biso, mpe Ayanolaka yango, Asengaka na biso motuya na likambo mpona kozwa biyano na Ye. Koyanola na Nzambe na mabondeli na biso ekoki kopimama na kosomba mosuni epai na motekisi na misuni. Soki motekisi akoki kopimama na Nzambe, epimeli na ye kosalela ekoki kopimama na epimeli na Nzambe, kolandisama na mobeko na mokili na molimo, soko to mpe te moto akoki kozwa biyano na Ye.

Toloba ete tokendaki epai na motekisi misuni mpona koluka ba kilo mibale na mosuni na ngombe. Na tango tosengi na ye mpona motuya na mosuni tozali na yango bosenga, motekisi ekopima mpe akotala soki to mpe te mosuni esangisaki ye ezali na ba kilo mibale. Soki mosuni likolo na peser ezali na ba kilo mibale, motekisi akozwa epai na biso misolo ekoki mpona ba kilo mibale na mosuni na ngombe, akozipa mosuni, mpe akopesa yango na biso.

Na lolenge moko, na tango Nzambe Azali koyanola libondeli na biso, Ye na kozanga eloko moko te Akozwa eloko epai na biso eye etalisi koyanola na Ye. Yango ezali mobeko na mokili na molimo mpona biyano na Nzambe.

Nzambe Ayokaka libondeli na biso, Andimaka epai na biso eloko na talon a lolenge moko, nde sima Ayanolaka biso.

Soki moto naino azwi eyano esengela mpona libondeli na ye ezali mpo ete naino ye apesi motuya na libondeli na ye te. Mpo ete motuya esengela mpona kozwa biyano na Ye etalaka eloko motu asengi kati na kobondela na ye, kino tango ekozwa ye kondima na lolenge oyo na wapi moto akoki kozwa eyano na Nzambe, asengeli kokoba na mabondeli kino kokokisa motuya oyo. Ata soki toyebi na mozindo te motuya esengeli mpona kopesa biso, Ye Ayebi yango. Na boye, kolandisama na lolenge tokoyokaka mongongo na Molimo Mosantu, tosengeli kosenga na Nzambe mpona makambo misusu kati na kokila bilei, misusu na kobondela butu nioso kati na ndai, misusu na kobondela na main a miso, mpe misusu na kobondela na kopesa mabonza na matondi. Makambo na lolenge oyo ekokokisama motuya esengeli mpona kozwa biyano na Nzambe, lokola Apesaka na biso lolenge na kondima esengela mpona kondima mpe Apambolaka bison a biyano na Ye.

Ata soki bato mibale batie pembeni mpe babandi ngonga na libondeli na ndai, moko akozwa biyano na Nzambe na mbala moko sima na ye kobanda libondeli na ndai, na tango mosusu azangi kozwa biyano na Ye ata sima na ba tango na ye na kobondela na ndai na ye eyaki mpe ekendaki. Limbola nini tokoki kozwa mpona mpona bokeseni oyo?

Mpo ete Nzambe Azali na bwanya mpe Asalaka mabongisi na Ye na liboso, soki Nzambe Alobi ete moto azali na motema eye ekokoba kati na kobondela kino tango na kobondela na ndai esili, Akoyanola bosenga na moto yango na mbala moko. Kasi, soki moto azangi kozwa biyano na Nzambe mpona likambo akutani na yango sasaipi, yango ezali mpo ete azangisaki kopesa epai na Nzambe mobimba na motuya na mabondeli mpona biyano na Ye. Na tango tozwi mokano na kobondela mpona tango moko boye, tosengeli koyeba ete Nzambe Atambwisa motema na biso mpo ete tokoka kopesa motuya na mabondeli esengela mpona biyano na Ye. Na bongo, soki tozangisi kotondisa motuya yango, tokozanga kozwa biyano na Nzambe.

Ndakisa, soki mobali abondeli mpona mwasi na lobi na ye, Nzambe Akoluka mpona ye mwasi malamu asengela mpona ye Ye mpe Akobongisa mpona bolamu kati na nioso mpona mobali yango. Elingi te koloba ete mwasi asengela mpona ye, akobima na miso na mobali yango ata soki azali na mbula na kobala te kasi mpo ete ye abondelaki mpona ye. Mpo ete Nzambe Ayanolaka ba oyo bandimi ete bazwaki biyano na bango, na tango na kopona na Ye Akotalisa mosala na Ye epai na bango. Kasi, na tango libondeli na moto ekokani te na mokano na Ye, ebele moko ten a mabondeli ekoka komema biyano na Nzambe. Soki moto yango aluki mpe abondeli mpona lolenge na komonana na miso na bato mpona mwasi yango, lokola nkita, koyebana, mpe bongo na bongo- na lolenge mosusu, libondeli etondisama na motimi eye esalema kati na makanisi na ye- Nzambe Akoyanola ye te

Ata soki bato mibale babondelaki Nzambe mpona likambo moko mpenza, mpona lolenge na kobulisama na bango mpe etape kati na kondima na oyo bango bakoki kondimela na mobimba ekesana, ebele na mabondeli Nzambe Ayamba ezali mpe na kokesana (Emoniseli 5:8). Moto akoki kozwa eyano na Nzambe sima sanza moko na tango mosusu akozwa sima na mokolo moko. Lisusu, soki biyano na Nzambe ezali na ntina monene mpona libondeli na moto, esengeli mpe mpona ye kopesa ebele na mabondeli. Kolandisama na na mobeko na mokili na molimo, eluku monene ekomekama makasi koleka mpe ekopetolama na kobima lokola wolo na tango eluku moke ekomekana na lolenge moke mpe ekosalelama kaka moke epai na Nzambe. Na bongo, moto moko te asengeli kosambisa basusu mpe koloba ete, "Tala minyoko na ye nioso ata soki ye azali sembo!" mpe akoyokisa Nzambe mabe na koloba bongo. Kati na ba tata na biso kati na kondima, Mose amekamaka ba mbula 40 mpe Yakobo mpona ba mbula 20, mpe toyebi lolenge nini eluku malamu moko na moko na bango akomaki na miso na Nzmabe mpe asalelamaki mpona mosala na ye monene sima na kolekela mimekano na bango makasi. Bobanza lolenge nini equipe na ndembo na mboka mobimba ekoki kobongisama mpe kokembisama. Soki makoki na mobeti na ndembo moko ekoki komema ye na esika na moyambi, kaka sima na tango mingi mpa makasi epesama kati na kokembisama nde akoka kotelema mpona mboka na ye.

Ezala eyano tozali koluka epai na Nzambe ezali monene to mppe moke, tosengeli kosimba motema na Ye mpona kozwa biyano na Ye. Kati na kobondela mpona kozwa nini nini ezali biso kosenga, Nzambe Akosimbama mpe koyanola bison a tango tozali kopesa Ye mabondeli masengeli na motuya, kopetola mitema na biso mpona kozala na lopango na masumu te kotelema kati na Nzambe mpe biso, mpe kopesa na Ye matondi na esengo, makabo, mpe bongo na bongo lokola elembo na kondima na biso kati na Ye.

Kondimana kati na Mobeko na Mokili na Molimo mpe Milimo Sambo

Lokola etali bison a likolo kati na ndakisa na motekisi nyama mpe epimeli na ye, kolandisama na mobeko na mokili na molimo Nzambe Apimaka motuya na kobondela na moto nioso na kozanga mbeba te mpe etalisaka soki moto akokisi motuya na kobondela. Na tango mingi na bato bazali kosambisa eloko kaka na oyo bango bamoni na miso na bango, Nzambe Akokisaka makambo na nzela na Milimo Sambo na Nzambe (Emoniseli 5:6). Na maloba mosusu, na tango moto abengami na kokoka na Milimo Sambo, epesameli ye biyano na Nzambe na kobondela na ye.

Nini Milimo Sambo Mipimaka solo?

Yambo, Milimo Sambo mipimaka kondima na moto.
Kati na kondima, ezalaka na 'kondima na molimo' mpe 'kondima na mosuni.' Lolenge na kondima eye Milimo sambo mipimaka ezali te mosuni—kasi kondima na molimo eye ezali na bomoi mpe elandisamaka na misala (Yakobo 2:22). Ndakisa, ezali na likambo kati na Malako 9 esika wapi tata na mwana oyo akangemaki na milimo mabe oyo ekomisaki ye ebubu ayaki liboso na Yesu (Malako 9:17). Tata alobaki na Yesu ete, "Nandimi; sunga bozangi kondima na ngai!"

awa tata ayambolaki kondima na ye na mosuni na kolobaka ete, "Nandimi" mpe asengaki na Ye kondima na molimo, na kolobaka ete, "Sunga kozanga kondima na ngai!" Yesu Ayanolaki tata na mbala moko mpe Abikisaki elenge mobali (Malako 9:18-27).

Ekoki te mpona kosepelisa Nzambe soki kondima ezali te (Baebele 11:6). Kasi, mpo ete tokoki kokokisa ba mposa na mitema na bison a tango tosepelisi Ye, na kondima oyo ekoki kosepelisa Nzambe nde tokoka kokokisa ba mposa na motema na biso. Na boye, soki tokozwaka te biyano na Nzambe ata soki Alobi na biso été, « Ekosalemela yo lolenge endimi yo," elakisi été naino kondima na biso ekokisami te (Matai 8 :13).

Mibale, Milimo sambo mikopimaka esengo kati na moto.

Pamba te 1 Batesaloniki 5:16 elobeli ete tosepela tango iso, ezali mokano na Nzambe mpona kosepela tango nioso. Esika na kozala na esengo kati na ba tango na kokoso, ebele na Bakristu na lelo bamikutaka kati na mitungisi, kobanga mpe komitungisama. Soki solo bandimi Nzambe na bomoi na motema na bango mobimba, bakoki tango nioso kozala na esengo na kotalaka te likambo na wapi bango bamikuti. Bakoki kozala na esengo kati na elikya makasi eye efandisamaka kati na Bokonzi na Likolo eye ezanga suka, kasi te kati na mokili oyo eye esengeli na koleka na kala mingi te.

Misato, Milimo sambo Ikopimaka Libondeli na Moto.

Mpo ete Nzambe Alobi na biso ete tobondelaka na kotika

te (1 Batesaloniki 5:17) mpe Alaki na biso ete Akopesa na bango basengi Ye (Matai 7:&), ekozala kaka na litomba kozwa epai na Nzambe nini ezali biso kosenga kati na kobondela. Lolenge na libondeli eye Nzambe Asepelaka na yango ezali mpe kobondelaka na momesano (Luka 22:39) mpe kofukamaka na mabolongo mpona kobondela kolandisama na mokano na Nzambe. Na ezaleli na lolenge oyo mpe komipesa, tokobengaka solo epai na Nzambe na motema na biso mobimba mpe libondeli na biso ekozala oyo na kondima mpe na bolingo. Nzambe Atalaka libondeli na lolenge oyo. Tosengeli te kobondela kaka na tango tozali na bosenga na eloko to mpe tozali na mawa mpe tokolobaka malamu te kati na kobondela, kasi tobondela kolandisama na mokano na Nzambe (Luka 22:39-41).

Minei, Milimo sambo mikopimaka kopesa matondi na moto.

Mpo ete Nzambe Apesa na biso motindo na kopesa matondi kati na nioso (1 Batesaloniqui 5:18), moto nioso na kondima asengeli na kopesa matondi kati na nioso na motema na ye mobimba. Mpo ete Alongola bison a nzela na libebi mpe Amema biso kati na nzela na bomoi na seko, lolenge nini te tokoka kopesa matondi ? Tosengeli kopesa matondi mpona Nzambe kokutana na ba oyo baluki Ye na mitema na bango mibimba mpe Akoyanolaka ba oyo basengi na Ye. Lisusu, ata soki tokutani na ba kokoso kati na bomoi na biso na ngonga moke kati na mokili oyo, tosengeli na kopesaka matondi mpo été elikia na biso ezali mpona Lola na seko.

Mitano, Milimo sambo mikopimaka soki to mpe te moto

akobatelaka malako na Nzambe. 1 Yoane 5:2 elobeli biso ete, "Na nzela oyo tokoyeba ete tolingi bana na Nzambe ete tokolingaka Nzambe mpe tokokokisa malako na Ye," mpe mibeko na Nzambe mizali bozito te (1 Yoane 5:3). Libondeli kati na momesano na moto ezali kofukama na mabolongo mpe konganga epai na Nzambe kati na kobondela na bolingo euti na kondima na ye. Kati na kondima mpe bolingo na ye mpona Nzambe, akobondelaka kolandisama na Liloba na Ye.

Ata bongo, ebele na bato bakoyimaka mpona bozangi na biyano na Nzambe na tango bango bakendaki na ekoteli na tango na tango Biblia elobi na bango ete bakende na "ebimeli na tango". Nioso bazali na yango bosenga ezali kondima nini Biblia elobeli bango mpe batosa yango. Mpo ete bazali mbangu mpona kotia Liloba na Nzambe na pembeni, bakamba likambo nioso kolandisama na makanisi mpe makoki na bango moko, mpe babondelaka kolandisama na bolamu na bango moko, Nzambe Nzambe Abalolelaka bango elongi na Ye mpe Ayanolaka bango te. Toloba ete bolakaki kokutana na moninga na bino na station na train, kasi bozwi bus na New York esika esengelaki na bino kokende, bokotikala kokutana na moninga na bino te. Soki bokendaki na ekoteli na tango ata soki Nzambe Alobaki na bino ete, "Kendani na ebimeli nan tango," ekoki te kolobama ete botosaki.Kasi epesaka pasi na motema mpona komona ebele na Bakristu bazala na kondima na lolenge oyo. Yango ezali soko kondima soko bolingo.

Bolingo mpona Nzambe ekomema bino na kobondela lisusu

mingi na koleka mpe nokinoki. Yango nde ekobota ba mbuma kati na lobiko na milimo mpe na koteya Sango Malamu, mpe kokokisama na Bokonzi na Nzambe mpe boyengebene. Mpe molimo na bino ekotambola malamu mpe bokozwa nguya na kobondela. Mpo ete bozwi eyano mpe bopesi nkembo epai na Nzambe mpe mpo ete bondimi ete nioso oyo ekofutamela bino na Lola, bokopesa matondi mpe bokolembaka te. Boye, soki tootatoli kondima na biso epai na Nzambe, ekozala kaka malamu mpona biso totosa Mibeko Zomi, moboko na ba buku ntuku motoba na motoba kati na Biblia.

Motoba, Milimo sambo mikopimaka bosembo na moto. Nzambe Alingi biso tozala sembo kaka kati na esika moko te kasi tozala sembo na ndako nioso na Nzambe. Lisusu, lolenge ekomama kati na 1 Bakolinti 4:2 ete, "Bakolukaka epai na mobateli ete amonana moto na sembo," ezali kaka malamu na ba oyo na mosala mopesami na Nzambe basenga na Nzambe ete Abakisela bango makasi mpo ete bakoka komonana sembo kati na makambo nioso mpe bandimama epai na bato zingazinga na bango. Lisusu, basengeli kosenga mpona bosembo kati na ndako mpe na mosala, mpe bakobundana mpona kozala sembo kati na nioso oyo bango bazali na mosala kati na yango, bosembo na bango esengeli kokokisama kati na solo.

Sambo mpe suka, Milimo sambo mikopimaka bolingo na moto. Ata soki moto andimami kolandisama na bitape na likolo,

Nzambe Alobi na biso ete soki bolingo ezali te biso tozali pamba nde "bimbombolo na pamba," mpe ete na monene koleka kondima, elikia, mpe bolingo ezali bolingo. Lisusu, Yesu Akokisaki mobeko kati na bolingo (Baloma 13:10) mpe lokola bana na Ye ezali kaka malamu ete tolingana bison a biso.

Mpona kozwa biyano na Nzambe kati na kobondela na biso, tosengeli yambo kondimama na tango topimami na epimeli na Milimo sambo. Bogo yango elakisi ete bandimeli sika, bango oyo bayebi solo te, bakoki te kozwa biyano na Nzambe? Toloba ete muana moke oyo akoki naino koloba te, na mokolo moko alobi malamu ete, "Mama!" Baboti na ye bakosepelaka mpe bakopesa mwana na bango nioso elingi ye.

Lolenge moko, mpo ete ezali na bitape na kokesana kati na kondima, Milimo sambo mikopemaka moko na moko mpe mikoyanolaka bongo. Na boye, Nzambe Asimbamaka mpe Asepelaka mpona koyanola mondimeli sika na tango atalisi ata kondima moke. Nzambe Asepelaka mpe Ayanolaka bandimi na etape na mibale to mpe na misato kati na kondima soki bakokisi eye elongobani na bango kolandisama na kondima na bango. Bandimi na etape na minei kati na kondima, lolenge bakobikaka kolandisama na mokano na Nzambe mpe bakobondela na lolenge eleki mingi mpenza mpona Ye, bandimamaka mbala moko na miso na Milimo sambo mpe nokinoki bazwaka biyano na Nzambe.

Mpona kosukisa, monene etape kati na kondima moto azali na yango- lolenge ayebi mingi mpona mobeko na mokili na molimo mpe abiki kolandisama na yango- nokinoki mpe ekozwa ye biyanno na Nzambe. Kasi, mpona tina nini bandimeli sika bakozwaka na momesano mpe nokinoki biyano na Nzambe? Na ngolu ezwi ye epai na Nzambe, mondimeli sika akotondisama na Molimo Mosantu mpe andimami na miso na Milimo sambo nde boye ekozwa ye nokinoki biyano na Nzambe.

Kasi, lolenge ezali ye kozinda na mozindo koleka kati na solo akokoma na bolembu mpe moke moke akobungisa bolingo na ebandeli lolenge molende ezalaki na ye yango ekokoma pio mpe lolenge na "misalela mpona yo moko ekokola kati na ye.

Kati na makasi na biso mpona Nzambe, tika ete biso tokoma bato basengeli na miso na Milimo sambo kati na kobikaka mpenza kati na solo, tozwa epai na Tata na biso nioso esengi biso kati na kobondela, mpe tobika ba bomoi ipambolama wapi tokopesa nkembo epai na Ye!

Chaptire 4

Kobuka Efelo na Masumu

"Tala, loboko na YAWE ezali mokuse te
ete ezanga kobikisa; litoi na Ye ezali na bozito te
été ezanga koyoka.
Kasi mabe na bino makaboli
Kati na bino mpe Nzambe na bino ;
Mpe masumu na bino mabombeli bino
Elongi na Ye été Ayoka te »

(Yisaya 59 :1-2).

Nzambe Alobeli bana na Ye kati na Matai 7:7-8 ete, "Bosengaka mpe bakopesaka bino; bolukaka mpe bokozuaka; bobetaka mpe bakozipwela bino. Pamba te moto na moto oyo akolombaka akozua; ye oyo akolukaka akomona; bakozipwela na ye oyo akobetaka." Mpe Alaki na bango koyanola mabondeli na bango. Kasi, mpo nini ebele na bato bazangi kozwa biyano na Nzambe kati na kobondela na bango ata soki bilaka na Ye ezali? Nzambe Ayokaka libondeli na basumuki te; Abalolaka elongi na Ye mosika na bango. Akoki mpe te koyanola libondeli na bato bazali na efelo na masumu kotongama na nzela na bango mpona kokutana na Nzambe.

Na bongo, mpona kosepela nzoto malamu mpe makambo nioso matambola malamu mpona biso ata lokola molimo na biso etamboli malamu, kobuka efelo na masumu kotelemela bison a Nzambe na biso esengeli kozala yambo na biso.

Na kotalaka ebele na biloko mikotaka mpona botongi na efelo na lisumu, nasengi na moko namoko na bino bokoma bana na Nzambe ba oyo bakotubelaka na masumu soki lopango na masumu ezali katii na Nzambe mpe bango moko, bozwa nioso ezali bino kosenga Nzambe kati na kobondela, mpe bopesa nkembo epai na Ye.

Kobuka LOpango na Lisumu mpona Kozanga Kondima na Bibo mpe Kozanga Kondima Nkolo Lokola Mobikisi na Bino

Biblia elobi malamu ete ezali lisumu mpona moto nioso

andimela Nzambe te mpe aboya koyamba Yesu Christu lokola Mobikisi na ye (Yoane 16 :9). Ebele na bato balobaka ete, "Nazali na lisumu te mpo ete nabika bomoi malamu," kasi kati na bozangi boyebi na molimo bakolobaka boye kati na kozanga koyeba moboko na lisumu. Mpo ete Liloba na Nzambe ezali kati na motema na bango te, baton a lolenge eye basosola te bokeseni kati na solo na solo mpe lokuta na solosolo mpe bakoki te kososoola malamu na mabe. Lisusu, kati na kozanga koyeba sembo na solo, soki lolenge na mokili oyo elobi na bango ete, "Ozali mpenza mabe te," bakoki koloba na kozanga komikanga ete bazali malamu. Ata bomoi na malamu nini moto akoki kobanza ete abika, soki atali bomoi na ye kati na talatala na Liloba na Nzambe sima na ye kondimela Yesu Christu, akososola ete bomoi na ye ezalaki mpenza malamu te. Yango ezali mpo ete ye asosoli ete kozanga ye kondima Nzambe mpe kondimela Yesu Christu ezali koleka lisumu nioso. Nzambe Asengeli na koyanola libondeli na bato oyo banndimeli Yesuu Christu mpe bakomi ban aba Ye, na tango bana na Nzambe bazali na makoki na kozwa biyano na Ye kati na kobondela na bango kolandisama na bilaka na Ye.

Tina bana na Nzambe oyo bandimeli Ye mpe bandimeli Yesu Christu lokola Mobikisi na bango- bazango kozwa biyano kati na kobondela na bango ezali mpo été bazangi kondima bozali na efelo na lisumu, eye etongamaka na masumu mpe mabe na bango, etelemi na nzela na Nzambe mpe bango moko. Yango tina ata na tango ezali bango kokila to mpe bakobondelaka butu mobimba, Nzambe Akobalolaka elongi na Ye na bango mpe Akoyanola kobondela na bango te.

Kobuka Lisumu na Kozanga Kolingana Moko na Mosusu

Nzambe Alobi na biso ete esengeli kaka mpona bana na Ye balingana bango na bango (1 Yoane 4:11). Lisusu, mpo ete Alobi na biso ete tolingaka ata bayini na biso(Matai 5:44), Koyina bandeko na biso babali esika na kolinga bango ezali kozanga kotosa Liloba na Nzambe mpe bongo ezali lisumu. Mpo ete Yesu Christu Atalisa bolingo na Ye na nzela na kobakama na ekulusu mpona bato, oyo bakangemaki kati na masumu mpe mabe, ezali mallamu mpona biso kolinga bbaboti na biso, bandekoo na biso, mpe bana na biso. Kasi, ezali lisumu makasi liboso na Nzambe mpona kozala na motema na koyina mpe koboya kolimbisa basusu. Nzambe Asenga na biso te ete totalisa Ye bolingo na lolenge ekufelaki Yesu bison a na ekulusu mpona kosikola moto na masumu na ye; Alobela na biso ete tobongola koyina na kolimbisa basusu. BBonngo mpo nini likammbo oyo ezali mpenza pasi mingi?

Nzambbe Alobi na biso ete moto nani nani akoyinaka ndeko na ye azali "mobomi" (1 Yoane 3:15), mpe boye na lolenge moko Tata na biso Akosalela mpe biso sooki biso tokolimbisaka bandeko na biso te (Matai 18:35), mpe asengi na bisoo ete tomema boolingo mpe tozala mosika na koyimayima mpona bandeko na biso mpona kokima kosambisama (Yakobo 5:9).

Mpo ete Molimo Mosantu Abikaka kati na moko na moko na biso, kati na bolingo na Yesu oyo Abakamaki na ekulusu mpona kosikoola bison a masumu na biso maleka, na lelo, mpe na mikolo makoya, tokoki kolinga bato nioso na tango totubeli liboso na Ye, tologwe na ba nzela na biso, mpe tozwi kolimbisama epai na Ye. Mpo ete baton a mokili oyo bandimelaka Yesu Christu te, kasi, ezali na kolimbisama mpona bango tea ta soki balingaki kotubela, mpe bakoki te kokabola bolingo na solo, moto na mosusu soki bakambami na Molimo Mosantu te. Ata soki ndeko nan a yo mobali akoyinaka yo, osengeli kozala na lolenge na motema oyo otelemi kati na solo, ososoli mpe olimbisi ye, mpe obondeli mpona ye kati na bolingo, mpo ete yo moko okoma mosumuki te. Soki tokoyinaka bandeko na biso esika na kolinga bango, tokosumukaka liboso na Nzambe, tobungisa kotondisama na Molimo Mosantu, tokoma balema mpe bazoba na kolekisaka mikolo na biso nioso na komilelaka. Tosengeli mpe te kozela eyano na Nzambe na kobondela na biso.

Kaka na lisungi na Molimo Mosantu nde tokoki koya na kolinga, kososola, mpe kolimbisa bandeko na biso mpe tozwa epai na Nzambe nini nini ezali biso kosenga kati na kobondela.

Kobuka Lopango na Lisumu na Kozanga Kotosa Malako na Nzambe

Kati na Yoane 14:21, Yesu AAlobi na biso ete, "Oyo azali na malako na Ngai mpe azali kotosa yyango, ye wana azali molingi na Ngai; moolingi na Ngai akolingama na TTata na Ngai mpe Nakolinga ye mppe Nakomimonisa eppai na ye." Mpona ntina yango, 1 Yoane 3:21 elobina biso ete, "Balingami, soki motema na biso akokatelaka biso te, tozali na molende liboso na Nzambe." Na lolenge mosusu, soki efelo na masumu etongamaki likolo na bozangi na biso kotosa na malako na Nzambe, tokoki te kozwa biyano na Ye kati na kobondela na biso. Kaka na tango bana na Nzambe bazali kotosa malako na Tata na bango mpe bazali kosala oyo esepelisaka Ye nde bakoki kosenga Ye eloko nioso elingi bango kati na molende mpe bakoka kozwa nini esengaki bango.

1 Yoane 3:24 esosolisi biso ete, "Oyo akokokisa malakoo na Ye akoumella kati na Ye mpe Ye kati na moto yango. Tokoyeba mpe ete akoumela kati na biso mpo na Moolimo oyo Apesaki biso." Ekobetisa sete ete kaka na tango motema na moto etondisami na solo na kopesaka mobimba na yyanngo epai na Nkolo na biso mpe moto yyango akobika na kotambwisama na Molimo Mosantu, nde tokoki kozwa nioso oyo biso tosengaki mpe bomoi na moto yango ekoka kofuluka na ba nzela na ye nioso.

Ndakissa, soki ezalaki na bba ndako mokama kati na motema na moto mpe apessaki yyango nioso nkama epai na Nkolo, molimo na ye ekofuluka mpe akozwa mapamboli na makamboo nioso kotambola malamu mpona ye. Kasii, soki moto moko wana apesaka Nkolo ntuku mitano na ba ndako kati na motema na ye mpe asaleli ba ndako ntuku mitanoo misusu mpona ye moko, akoka te tango nioso kozwa biyano na Nzambe mpo ete akozwa kaka kotambwisama na Molimo Mosantu na ndambo na motema na ye, na tango akosalela ndamboo mosusu mpona kosenga Nzambe longwa na makanisi na ye to mpe kolanndisama na ba posa mabe na nzoto na ye. Mpo ete Nkolo na biso Abikaka kati na moko na moko na biso, ata soki ezali na epekiseli liboso na biso Akkembisaka bison a koleka ata pembeni na yango to mpe kokima yyango. Ata soki tokoti na lubwaku na kufa Ye Akopesa na biso nzela mpona kokima yango, Akosala mpona malamu na biso kati na nioso, mpe Akotambwisa ba nzela na biso mpo ete tofuluka.

Na tango tosepelisi Nzambe na kotosaka malako na Ye, tobiki kati na Nzambe mpe Ye Abiki kati na biso, mpe tokoki kopesa nkembo epai na Ye lolenge ezali biso kozwa nioso tosengaki katii na kobondela. Tika ete biso toobuka efelo na masumu na kozanga kotosa malako na Nzambe, tobanda kotosa yango, tokoma baton a molende liboso na Nzambe, mpe topesa nkembo epai na Ye na kozwaka nioso ezali biso kosenga.

Tobuka Lopango na Lisumu na Kobondelaka Mpona Kosepelisa Lokoso na biso

Nzambe Alobi na biso ete tosala nioso kati na bomoi na biso mpona nkembo na Ye (1 Bakolinti 10:31). Soki tozali kobondela mpona eloko mosusu soko nkembo na Ye te, tozali koluka kokokisa lokoso na biso mpe ba mposa na nzoto, mpe tokoki te kozwa biyano na Nzambe mpona bosenga na lolenge eye (YYakobo 4:3).

Na loboko moko, soki bozali koluka mapamboli na biloko mpona Bokonzi na Nzambe mpe boyengebene na Ye, bosungi na babola, mpe makasi na lobiko mpona milimo, bokozwa biyano na Nzambe mpo ete solo bozali koluka nkembo na Ye.

Na loboko mosusu, soki bozali koluka mapamboli na biloko mpona elikia na komitalisa epai na ndeko oyo apamelaki bino ete, "Lolenge nini okoki kozala mpenza mobola boye na tango okendalla ndako na Nzambe?" bozali solo kobondela kobondela kolandisama na mabe mpona kosepelisa lokoso na bino, mpe ekozala na eyano moko ten a mabondeli na bino. Ata kati na mokili oyo baboti oyo balingaka mwana na bango bakopesa ye ba $ 100 mpona kobbebisa epai na esika mabe. Na lolenge moko, Nzambe Alingi te bana na Ye batambola nzela mabe mpe mpona ntina oyo Ayanolaka lolombo nioso te ban aba Ye bakosalaka.

1 Yoane 5:14-15 elobeli biso ete, "Molende oyo ezali na biso mpona Ye ezali boye été, soko tokosenga eloko nini kati na mokano na Ye, Ye Akoyoka biso Mpe soki toyebi ete Akoyoka biso wana ekolombaka biso Ye, toyebi ete tosili kozua bilombeli yango bisili biso kolomba Ye." Kaka na tango tobwakisi lokoso na biso mpe tobondeli kolandisama na mokano na Nzambe mpe mpona nkembo na Ye, nde tokoka kozwa eloko nini tosengaki epai na Ye kati na kobondela.

Kobuka Efelo na Lisumu na Kobetaka Tembe kati na Kobondela

Mpo ete Nzambe Asepelaka na tango totalisi na Ye kondima na biso, soko kondima ye ekoki te mpona kosepelisa Nzambe (Baebele 11:6). Ata kati na Biblia tokoki komona bisika mingi esika wapi biyano na Nzambe mizwi ba nzela epai na bato oyo batalisi Ye kondima na bango 9Matai 20:29-34; Malako 5:22-43, 9:17-27, 10:46-52). Na tango bato bazangi kotalisa kondima na bango epai na Nzambe, bazwaki Pamela mpona "kondima na bango moke" ata soki bazalaki 'bayekoli na Yesu (Matai 8:23-27). Na tango bato batalisaki na Nzambe kondima na bango monene, ata bapaya bakumisamaki epai na Ye (Matai 15:28). Nzambe Apamelaki ba oyo bakokaki te kondima kasi babetaki tembe ata moke (Malako 9:16-29), mpe Alobi na biso ete soki tofandisi ata moke na tembe kati na motema na tango ezali biso kobondela, tosengeli te kokanisa ete tokozwaka eloko epai na Nkolo (Yakobo 1:6-7). Na maloba mosusu, ata soki tokokila mpe tobondeli butu mobimba, soki kobondela na biso etondisami na tembe, tosengeli ata te kokanisa ete tokozwa biyano na Nzambe.

Lisusu, Nzambe Akanisisis biso ete, "Nazali koloba na bino solo ete soko moto nani akoloba na ngomba oyo ete,Longwa, bwakama kati na mai monene, mpe akotia tembe na motema na ye te, kasi akondima ete yango ezali ye koloba ekobima boye, ekosalama mpona ye.Bongo Nazali koloba na bino solo ete biloko nioso bizali bino kobondela mpe kosenga, bondima ete bosili kozua yango mpe ikozala na bino" (Malako 11:23-24).

Mpo "Nzambe Azali moto te,ete Akata lokuta,, mpe mwana na moto te ete Abongola motema" (Mituya 23:19), lokola elakama Nzambe Ayanolaka solo mabondeli na ba oyo balingaka mpe balukaka nkembo na Ye. Bato oyo balingaka Nzambe mpe bazalaka na kondima bakangama na kolinga mpe na koluka nkembo na Nzambe nde yango tina esengami na bango ete basenga oyo elingi bango. Lolenge ezali bango kondima, kosenga, mpe kozwa biyano na nini nini ezali bango kosenga, bato oyo bakoki kopesa nkembo na Nzambe. Tika ete tolongola temba nioso kasi tondima kaka, tosenga, mpe tozwa epai na Nzambe mpo ete tokoka kopesa nkembo epai na Ye na mozindo na motema na biso.

Kobuka Efelo na Lisumu na Kozanga Kolona Liboso na Nzambe

Lokola mokonzi na biloko nioso kati na univer, Nzambe Atia mobeko na mokili na molimo mpe lokola mosambisi na sembo Akambaka makambo nioso na molongo molongobani.

Mokonzi Dalio akokaki te kosikola molingami na ye mosali Daniele na libulu na nkosi mpo ete, ata lokola mokonzi, akokaki te kozanga kotosa mobeko oyo ye moko akomaka. Lolenge moko mpe, Nzambe Akoki te kobuka mobeko na mokili na molimo eye Ye moko Atia, biloko nioso kati na likolo etambwisamaka solo na nse na botambwisi na Ye. Na bongo "batiolaka Nzambe te" mpe Ye moto abuka oyo elonaki ye (Bagalatia 6:7). Soki moto akoni mabondeli, akozwa mapamboli na molimo; soki aloni ngonga na ye, akobuka lipamboli na nzoto malamu; soki alonaki mabonza, Nzambe Akobatela ye mosika na mitungisi na bombongo na ye, mosala, mpe ndako na ye, mpe Apesa ata mapamboli eleka mingi na biloko.

Na tango toloni liboso na Nzambe na ba lolenge mingi,

Ayanolaka mabondeli na biso mpe Apesaka na biso nini ezali biso kosenga. Na kolonaka mingi liboso na Nzambe, tika te ete biso tobota mbuma mingi kasi mpe tozwa nini ezali biso kosenga epai na Ye na mabondeli.

Na likolo na ba efelo motoba etangami liboso, "lisumu" esangisi ba mposa na lolenge oyo mpe misala na nzoto lokola boyengebene, likunia, kanja, kanda, mpe lolendo, na kozanga kobunda na masumu na esika na kotangisa makila mpe koozanga kozala na molende mpona bokonzi na Nzambe. Na koyekolaka mpe kososola ebele na makambo eye ekomaka efelo kotelema kati na Nzambe mpe na biso, tika ete biso tobuka lopango na masumu mpe tozwaka tango nioso biyano na Nzambe, nde bongo topesa nkembo epai na Ye. Biso nioso tolingaka kokoma bandimi oyo bakosepelaka nzoto makasi mpe misala na biso nioso mitambolaka malamu lokola milimo na biso mikofulukaka.

Kolandisama na Liloba na Nzambe ezwami kati na Yisaya 59:1-2, totali ebele na makambo maye makokomaka efelo kotelema kati na Nzambe mpe biso. Tika ete moko na moko na bino tokoma bana bapambolama na Nzambe oyo asosooli naino ntina na efelo oyo, tosepela nzoto makasi tozala na makambo na biso nioso kotambolaka malamu lokola molimo etamboli liboso, mpe topesa nkembo na Tata na bison a Lola na kozwaka nioso eye ezali biso kosenga kati na kobondela, na nkombo na Yesu Christu Nabondeli!

Chapitre 5

Bokobuka Oyo Elonaki Bino

"Ezali bongo ete ye oyo akokona moke akobuka moke nde ye oyo akokona mingi akobuka mingi. Moto na moto asala pelamoko na motema na ye, na mposa moke te mpe na kopusama te; mpo Alingi ye oyo akopesaka na esengo"

(2 Bakolinti 9:6-7).

Na tango nioso liboso na ebandeli na oyo na malili tomonaka ebele na makasa makauka na bilanga na loso. Mpona loso kobukama, toyebi ete ezala na baloni oyo batokaka mpe bamipesaki mpona kolona ba nkona mpe kotia fumier na mabele mpe na kokolisa yango kati na ba tango na liboso mpe na molunge makasi.

Mosali bilanga oyo azali na elanga monene mpe alonaki ba nkona mingi asengeli na kotoka mingi koleka moloni oyo alonaki ba nkona moke. Kasi kati na elikia na kobuka ebele ye azali kosala na molende mingi mpe makasi. Kaka lolenge mobeko na mokili elobi ete "Moto akobuka yango elonaki ye," tosengeli koyeba ete mobeko na Nzambe Ye oyo Azali Nkolo na mokili na molimo Alandaka se nzela moko.

Kati na Bakristu na lelo, basusu bakobaka na kosenga Nzambe ete Akokisa ba mposa na bango na kozanga kolona na tango basusu bayimaka mpona kozanga biyano na Ye ata soki bazali kobondela mingi. Ata soki Nzambe Alingi kopesa ban aba Ye ebele na mapamboli mpe Apesa biyano epai na moko na moko na makambo na bango, mingi mingi moto azangaka kososola mobeko na kolona mpe na kobuka nde bongo akozwaka te nini elingi ye epai na Nzambe.

Kolandisama na mobeko na mokili eye elobelaka biso ete, "Moto abukaka oyo elonaki ye," tika ete toyeba nini esengeli na biso kolona mpe lolenge nini tosengeli kolona yango mpona biso tango nioso kozwa biyano na Nzambe mpe topesa nkemboo epai na Ye na komikkanga te.

Yambo Mabele Esengeli na Kotimolama

Liboso na koolona ba nkona, moloni asengeli kotimola mabele esika wapi asengeli kosala. Akolokotaka mabanga, akomisa mabele na molai moko, mpe abongisa esika mpe lolenge malamu mpona nkona kokola malamu. Kolandisama na komipesa na moloni mpe kotoka na ye kati na mosala,, ata mabelle mabeba ikoki kobongolama na mabele malamu.

Biblia ekokanisi motema na moto moko na moko na elanga mpe etandi yango na ba lolenge minei (Matai 13:3-9).

Yambo ezali ezali "mabele pembeni na nzela."

Mabbele na elanga pembeni na nzela ezali makasi. Moto na motema na lolenge oyo akoyaka na ndako na Nzambbe kasi ata sima na koyoka Liloba, akofungoolaka ekuke na motema na ye te. Na bongo, akoki te koyeba Nzambe, mpe mpona kozanga kondima, azangi kozwa pole.

Ya mibale ezali "Elanga na mabanga mingi."

Kati na elanga wana etonda mabanga, mpona mabanga kati na elanga, nkona ekoki kokola malamu te. Mooto na motema na lolenge oyo ayebi Liloba na Nzambe mingi lokola mayebi mpe kondima na ye elandisamaka na misala te. Mpo ete azangaka mpenza kondima, akokweyaka nokinoki na bat tango na komekama mpe ppasi.

Na Lolenge na Misato ezali "Elanga etonda ba nzube."

Kati na elanga na nzube, mpo ete ba nzube izali kokola mpe ikibisi ba nkona, mbuma malamu ekoki kobukama te. Moto na motema na lolenge oyo andimaka Liloba na Nzambe mpe akomeka kobika na yango. Kasi azali te kosala kolandisama na mokano na Nzambe kasi kolandisama na ba mposa na nzoto.

Mpona bokoli na Liloba elonami kati na motema na ye ezali kokitisama mpona mimekano na ba ndako to mpe bolamu na komitungisa na mokili oyo, ye akoki te kobota mbuma. Ata soki ezali ye kobondela, akoki te komitika na « maboko na Nzambe Amonanaka te nde bongo akokotisaka nokinoki makanisi mpe ba nzela na ye moko. Yango tina azangaka komona nguya na Nzambe lolenge ekoki ye kaka kotala moto yango na mosika.

Minei ezali "mabele malamu"

Mondimi na mabele malamu oyo alobaka kaka "Amen" na eloko nioso oyo ezali Liloba na Nzambe mpe atosaka yango na kondima na kozanga komema makanisi ma ye moko to mpe ba calcul na ye moko. Na tango ba nkona milonami na mabele malamu, iikokolaka malamu mpe ikobotaka mbuma mokama, ntuku motoba to ntuku misato na oyo elonamaki.

Yesu Alobaki kaka "Amen" mpe Azalaki sembo na Liloba na Nzambe (Bafilipi 2:5-8). Lolenge moko, moto na motema na mabele malamu azalaka mpenza sembo na Liloba na Nzambe mpe abikaka na yango. Soki Liloba na Yee lobi na ye ete azala na kosepela tango nioso, ye mpe akosepelaka tango nioso. Soki Liloba na Ye elobi na ye ete abondela na kotika te, akobondela na tango nioso. Moto oyo azali na « motema malamu » motema na ye ekoki tango nioso kosolola na Nzambe, azwa nioso ezali ye kosenga kati na kobondela, mpe abika kati na mokano na Ye.

Ata elanga na lolenge nini tokoki kozala na yango na tango oyo, tokoki tango nioso kobalola yango na mabele malamu.

Tokoki kotimola mabele na mabanga mpe tolokoti mabanga nioso, topikoli ba nzube, mpe totie fumier kati na elanga nioso.

Lolenge nini tokoki kotimola mitema na bison a "mabele malamu"?

Yambo, tosengeli kosanjola Nzambe kati na molimo mpe na solo. Tosengeli kopesa na Nzambe makanisi na biso nioso, mokano, komikaba, mpe makasi, mpe kati na bolingo topesa na Ye mitema na biso. Kkaa wana nde tokobatelama na makanisi na pamba, mpe na kolemba, mpe konimba mpe tokoka kobalola mitema na bison a mabele malamu na nguya eye ewutaka likolo.

Mibale, tosengeli kobwakisa masumu na biso kino esika na kotangisa makila.

Lolenge ezali biso kotosa mobimba na Liloba na Nzambe, ata makambo nioso matali mibeko na "sala" mpe kosala te, mpe kobika kati na yango, motema na biso moke moke ekombongwana na mabele malamu.

Na lolenge ekotala biso elanga na motema na biso mpe tokobalola yango nokinoki, kondima na biso ekokola makasi na koleka mpe kati na bolingo na Nzambe makambo na biso nioso matambola malamu. Tosengeli nokinoki kobongola mabele na mitema na biso mpo ete lolenge ezali biso koumela na Liloba na Nzambe, kondima na bison a molimo ekokola, nde boye mabele na biso ikokoma malamu na koleka. Mpona oyo tosengeli kobongola motema na bison a malamu koleka.

Ba Nkona na Lolenge na Lolenge Isengeli Kolonama

Na tango mabele etimolamaki, moloni akobanda kokona ba nkona. Kaka na lolenge bilei na lolenge na lolenge kati na bokoki mpona kobatela nzoto na biso, moloni akonaka mpe akolisaka biloko lokola loso, masangu, ba ndunda, madesu, mpe bongo na bongo. Kati na kolona liboso na Nzambe, tosengeli na kolona biloko mingi. "Kolona na molimo elakisi kotia na mosala mibeko na Nzambe oyo elobi na biso ete "Sala." Ndakisa, soko Nzambe Alobi na biso ete sepela tango nioso, tokoki kolona na esengo na biso eye ewutaka na elikia na biso mpona Lola, mpe na esengo oyo Nzambe mpe Akosepela elongo na biso mpe Akopesa biso ba mposa na motema na biso (Nzembo 37:4). Soki Alobi na biso ete "Teya Sango Malamu," tosengeli nokinoki koteya Sango Malamu. Soki Alobi na biso ete "Bolingana bino na bino," "Bozala sembo," "Bopesaka matondi," mpe "Bondelaka," tosengeli kosala kaka lolenge wana mpe kaka elobameli biso.

Lisusu, mpona kobika na Liloba na Nzambe lokola kopesa moko na zomi mpe kobatelaka Sabata Bulee ezali mosala na kolona liboso na Ye, nini ezali biso kokona ekobima, ekokola malamu, ekobimisa fololo, mpe ekobimisa ebele na ba mbuma.

Soki tokokona na komikanga, koboya, to nan se na komipekisa, Nzambe Akondimma molende na biso te. Kaka lokola moloni akonaka ba nkona na ye kati na elikia na kobuka malamu na tango na kobuka, biso mpe kati na kondima tosengeli mpe kondima kati na yango mpe kotia miso na biso epai na Nzambe oyo Apambolaka bison a mbala mokama, ntuku motoba, ntuku misato na oyo elonaki biso.

Baebele 11:6 elobi na biso ete, "Soko na kondima te, ekoki kosepelisa Nzambe te. Mpo été ekoki na babelemi na Nzambe kondima été Azali mpe été Akozongisa libonza na epai na bango bakolukaka Ye." Kotia elikia na biso kati na Liloba na Ye, tokoki kobuka ebele kati na mokili oyo mpe kobomba mabonza na biso kati na Bokonzi na Lola.

Elanga esengeli Kobalolama kati na molende mpe na Komipesa

Siima na kolona ba nkona, moloni akobongisa elanga na komikaba mingi na koleka. Akobwakela yango mai, mpeakolongola matiti pembeni, mpe akokanga ba nyama mike mabe. Soki komikapesa na lolenge oyo ezali te, ba nkona ikoki kobima kasi ikokauka na sima mpe ikokufa liboso na yango kobota ba mbuma.

Na molimo, "mai" etalisi Liloba na Nzambe. Lolenge Yesu elobeli biso kati na Yoane 4:14, "nde oyo akomela mai makopesa Ngai Ye akoyoka mposa lisusu libela te; kasi mai makopesa Ngai yr makozala motó na mai kati na ye kopunjwapunjwa kino bomoi na seko," mai elakisi bomoi na seko mpe solo. 'Kokanga ban yama mike mike" elakisi kosenjela na Liloba na Nzambe eye elonami kati na elanga na motema na biso contre moyini zabolo.

Na nzela na ba nzembo, masanjoli, mpe kobondela kotondisama kati na motema na biso ikoki kobatelama ata soki moyini zabolo ayei na kokota kati na elanga na mosala na biso.

"Kolongola matiti kati na elanga" ezali mosala esika wapi tokolongolaka ba lokuta misusu lokola kandja, koyina, mpe bongo na bongo. Lokola ezali biso kobondela makasi mpe tokobundaka mpona kolongola kandja mpe koyina, koyina ekopikolama lokola esika na yango ekobotisa nkona na bosokemi mpe koyina ekopikolama mpona kokolisa nkona na bolingo na esika. Na tango bosolo te mikopikolama mpe moyini zabolo motungisi akangemi. Tokoki kokola lokola bana b aye na solosolo.

Eloko na motuya kati na kobongisa elanga sima na kolona ba nkona ezali kozela ngonga malamu kati na molende. Soki moloni akotimola mabele sima na kolona ba nkona mpona kotola soki to mpe te ba nkona na ye mizali kobimisa, ba nkona mikoki kobeba solo. Kino tango kobuka ekoka, mosala makasi na komipesa mpe koyika mpiko esengami.

Tango esengeli mpona kobota ba mbuma ekeseni kolandisana na nkona mpe nkona mosusu. Na tango ba melon to mpe ba pasteque ikoki kobimisa ba mbuma nan se na mbula moko, pôme to poire ekozala na bosenga na mu aba mbula. Moloni na ginseng akozala na esengo na koleka mingi koleka oyo na moloni na ba pasteque, mpo ete motuya na ba ginseng miye milonamaki mpona ebele na ba mbula ikoki te kopimama na oyo na ba pasteque oyo elonamaki mpona tango mokuse.

Lolenge moko, na tango ezali biso kolona liboso na Nzambe kolandisama na Liloba na Ye, na ba tango misusu tokoki kozwa biyano na Ye na mbala moko mpe tobuka mbuma kasi na ba tango misusu, tango mingi ekoki kosengama. Lokola Bagalatia 6:9 esengi na biso ete, "Tolembaka mpona kosala malamu te pamba ten a ntango oyo ekoki, tokobuka soko tokotika motema te," kino tango na kobuka tosengela kobongisa elanga na biso kati na molende mpe na komipesa mpenza.

Okobuka Oyo Elonaki Yo

Kati na Yoane 12:24 Yesu Alobi na biso ete, "solo, solo, Nazali koloba na bino ete soko mbuma na masango ekokwea na mabele mpe ekokufa te, ekotikala bobele moko mpenza; nde soko ekokufa, ekobota mbuma mingi." Kolandisama na Mobeko na Ye, Nzambe na Sembo Alonaki Yesu Christu Mwana na Ye se moko na Likinda lokola mbeka na komikaba na bato mpe Andimela Ye ete Akoma nkona na masangu, Akweya, mpe Akufa. Na nzela na kufa na Ye, Yesu Abotaki mbuma mingi.

Mobeko na mokili na molimo ekokani, na mobeko na mokili eye elobaka ete "OKobuka nini elonaki yo," mobeko na Nzambe eye ekoki ye kobukama. Bagalatia 6:7-8 elimboleli bison a mozindo ete "Bomizimbisaka te; Nzambe Atiolamaka te. Soko moto akokona nini, akobuka bobele yango. Soko akokona kati na nzoto, akobuka libebi kati na nzoto; nde ye oyo akokona kati na molimo akobuka bomoi na seko na nzela na molimo."

Na tango moloni azali kolona ba nkona kati na elanga na ye, kolandisama na lolenge na ba nkona, akoki kobuka masangu misusu liboso na misusu mpe akoba kolona ba nkona lokola ebuki ye. Mingi mosali bilanga akolona mpe akobongisa elanga ye nokinoki, monene mpe kobuka na ye ekozala. Na lolenge moko, ata kati na kondimana na biso elongo na Nzambe tokobukaka nini elonaki biso.

Soki bokolona mabondeli mpe kokumisa, na nguya na likolo bokoki kobika kolandisama na Liloba na Nzambe lokola molimo na bino ekofuluka. Soki bozali kosala kati na sembo mpona Bokonzi na Nzambe, bokono na lolenge nini nini ekoki kolongwa bino lokola ezali bino kozwa mapamboli kati na nzoto mpe na molimo. Soki kati na molende bokolona na biloko na bino na nzoto, mpe na mabonza mpe moko na zomi na bino, Akopesa na bino ebele na mapamboli na biloko na wapi Akondimela na bino ete bosalela yango mpona Bokonzi na Ye mpe Boyengebene na Ye.

Nkolo na biso oyo Afutaka moto na moto kolandisama na nini esalaki ye, Alobeli biso kati na Yoane 5:29 ete, "Mpe bakobima; baoyo basalaki malamu kino lisekwa na bomoi; baoyo basalaki yauli kino lisekwa na kosambisama." Boye, tosengeli kobika na Molimo mosantu mpe tosala malamu kati na bomoi na biso.

Soki moto aloni te mpona Mooolimo Mosantu kasi mpona mposa mabe na ye moko, akoki kaka kobuka biloko na mokili oyo miye mikosengela solo na koleka. Soki bozali kopima mpe kosambisa basusu, bokopimama mpe bokosambisama kolandisama na Liloba na Nzambe kolobaka ete "Bosambisaka te ete basambisa bino te. Pamba ten a esambiseli ekosambisaka bino, bakosambisa bino na yango; mpe na elimeli ekopimaka bino, bakopimaka bino na yango" (Matai 7:1-2).

Nzambe Alimbisa biso nioso na masumu na biso nioso oyo esalaki biso liboso na biso kondimela Yesu Christu. Kasi soki tokosalaka masumu sima na biso koyeba solo mpe mpona lisumu, ata soki tolimbisami na kotubelaka, tokozwa lifuti mpona yango.

Soki bolonaki lisumu, kolandisama na mobeko na mokili na molimo, bokobuka mbuma na lisumu na bino mpe bokutana na ba tango na momekano mpe konyokwama.

Na tango molingami na Nzambe Dawidi asumukaki, Nzambe Alobaki na ye ete, "Mpo na nini otioli bilaka na YAWE mpona kosala mabe liboso na Ye?" mpe "Tala Nakokolisa mabe ete matemela yo kati na ndako nay o moko" (2 Samuele 12:9;11). Na tango Dawidi alimbisamaki na masumu ma ye sima na kotubela ete, "Nasaleli YAWE lisumu," toyebi mpe ete Nzambe Abomaki mwana oyo mwasi na Uliya abotelaki Dawidi (2 Samuele 12:13-15).

Tosengeli kobika kati na solo mpe tosala malamu, bokanisa ete tokobukaka oyo elonaki biso kati na nioso mpe tosala malamu, tokanisa ete tokolonaka oyo elonaki bison a makambo nioso, tolona mpona Molimo mosantu, tozwa bomoi na seko euti na Molimo mosantu, mpe na tango nioso tozwaka mapamboli na Nzambe makosopanaka.

Kati na Biblia ezali na ebele na bato bango oyo basepelisaka Nzambe mpe na bongo bazwaki ebele na mapamboli na Ye. Mpona oyo etali mwasi Mosulia oyo asalelaki yango nioso Elisa mosali na Nzambe na botosi mpe bolamu eleka, afandaki na ndako na ye na tango nioso ayaka na mboka wana. Sima na ye koloba na mobali na ye mpona kobongisa ndako na bapaya mpona Elisa, mwasi atiaki ndako mpona mosakoli mpe atika mbeto, mesa, mpe kiti, mpe mwinda mpe asengaki na Elisa ete afanda kaka na ndako na ye (2 Mikonzi 4:8-10). Elisa asimbamaki mingi kati na motema mpona komipesa na mwasi oyo. Na tango ayaki koyeba ete mobali na ye azalaki mobange mpe bango bazalaki na mwana te, mpe ye kozala na mwana na ye moko ezalaki mposa na mwasi, Elisa asengaki Nzambe mpona lipamboli na kobota mpona mwasi oyo, mpe Nzambe sima na mbula moko apesaki na ye mwana mobali (2 Mikonzi 4:11-17).

Lolenge Nzambe Alakaki na biso kati na Nzembo 37:4 ete, "Omisepelisa na YAWE mpe Ye Akopesa yo mposa nioso na motema nay o," mwasi na Suneme azwaki mposa na motema na ye lokola asalelaki malamu mingi mosali na Nzambe kati na komikaba mpenza (2 Mikonzi 4:4-17).

Kati na Misala 9:36-40 ezali na lisolo na mwasi kati na Yopa na nkombo na Tabita, oyo atondisamaki na misala bolamu mpe nan a kokabela. Na tango azwaki malali mpe akufaki, bayekoli bamemaki sango epai na Petelo. Na tango ekomaki ye na esika yango, basi bakufela mibali batalisaki na Petelo bilamba mpe bilamba misusu eye Tabita asalelaka bango, mpe babondelaka ye ete asekwisa mwasi yango. Petelo asimbamaki makasi na motema mpona bosenga na basi yango mpe abondelaki makasi epai na Nzambe. Na tango Alobaki ete, "Tabota telema," afungolaki miso na ye mpe afandaki. Mpo ete Tabita alonaki liboso na Nzambe na kosalaka malamu mpe na kosungaka babola, akokaki kozwa lipambola na koyeisa bomoi na ye molai.

Kati na Malako 12:44 ezali na lisolo na mwasi mobola mokufeli mobali oyo apesaki na Nzambe nioso na ye. Yesu, oyo azalaki kotala ebele kopesa mabonza kati na tempelo, alobaki na bayekoli na Ye ete, "Pamba te, bango bakabi ndambo moke na mosolo moleki na bango, kasi ye kati na bobola na ye asili kobwaka mosolo na ye nioso, lilei na ye nioso.

Kolandisama na mobeko na mobeko na mokili na molimo, Nzambe na sembo Andimela biso ete tobuka nini elonaki biso mpe Afuta biso kolandisama na nini moko na moko na biso asalaki. Mpo ete Nzambe Asalaka kolandisama na kondima na moto moko na moko lolenge ye andimeli Liloba na Ye mpe atosi yango, tosengeli kososola ete tokoki kozwa eloko nioso ezali biso kosenga kati na kobondela. Na oyo kati na makanisi, tika ete moko na moko na bino atala motema na ye, atimola yango nokinoki na mabele malamu, alona mingi na ba nkona, abongisa yango kati na molende mpe na komipesa, mpe abota ebele na ba mbuma, na nkombo na Nkolo Yesu Christu Nabondeli!

Chapitre 6

Elia Azwaki Eyano na Nzambe na Nzela na Moto

Elia alobaki na Ahaba ete, "Buta,lia mpe mela, pamba te ezali na lokito na mbula makasi. Boye Ahaba abutaki ete alia mpe amela. Eliya akendaki kino epai na likolo na Kalemele; akumbamaki na mabele mpe atiaki elongi na ye kati na mabolongo na ye. Alobaki na mosali na ye ete, "Buta sasaipi, tala kino mai-na- monana. Abutaki mpe atalaki mpe alobaki ete, 'Eloko ezali te. Alobaki ete, "Buta lisusu, mbala nsambo." Mpe na mbala na nsambo alobaki ete, 'Tala lipata moke lokola tandu na moto ezali kobima na mai. Alobaki ete, "Buta, loba na Ahaba ete, Bongisa likalom nay o mpe kita na mbula epekisa yo te. Na tango moke, likolo eyaki mwindo na mapata mpe na mopepe, mbula makasi enokaki. Mpe Ahaba atambolaki mpe akendaki na Yijelele.

(1 Mikonzi 18:41-45).

Mosali na Nzambe na nguya Eliya akokaki kotatola epai na Nzambe na bomoi mpe akokaisa yango mpona Bayisalele bangumbameli na bikeko ete batubela na masumu na bango na nzela na eyano na Nzambe na nzela na moto eye esengaki ye mpe azwaki yango. Lisusu, na tango mbula kuna ezalaki te mpona ba mbula misato na ndambo likolo na kanda na Nzambe mpona Bayisalele, ezalaki Eliya oyo asalaki bikamwa na kosukisa bokauki mpe na konokisa mbula makasi.

Soki tondimeli Nzambe na bomoi, kati na ba bomoi na biso tosengeli mpe kozwa biyano na Nzambe na nzela na moto lokola Eliya, totatola epai na Ye mpe topesa nkembo epai na Ye.

Na kotalaka kondima na Eliya, na wapi azwaki eyano na Nzambe na nzela na moto mpe amonaki na miso ma ye moko kokokisama na ba mposa na motema na ye, tika mpe ete biso tokoma bana bapambolami na Nzambe ba oyo tokozwaka tango nioso biyano na Tata na bison a nzela na moto.

Kondima na Eliya, Mosali na Nzambe

Lokola baponami na Nzambe, Bayisalele basengelaki kaka kongumbamela Nzambe se Ye moko, kasi bakonzi na bango bayaka na kobanda kosala mabe na miso na Nzambe mpe kongumbamela bikeko. Na tango Ahaba azwaki kiti na bokonzi, baton a Yisalele babandaki kosala mabe na koleka mpe kosambela bikekoo ekomaki na esika eleki likolo na koleka. Na esika oyo, kanda na Nzambe mpona Yisallele embongwamaki na likama na mbula misato mpe ndambo na bokauki. Nzambe Atiaki Elia lokola mosali na Ye mpe na nzela na ye Atalisaki misala na Ye. Nzambe Alobelaki na Eliya ete, "Kenda komimonisa liboso na Ahaba mpe Nakotinda mbula likolo na mabele" (1 Mikonzi 18:1).

Mose, ye oyo abimisaki Bayisalele na Ejipito, na ebandeli atosaki te Liloba na Nzambe eye elobaki na ye ete akenda liboso na Falo. Na tango elobamaki na Samuele ete apakola mafuta likolo na Dawidi, na ebandeli Mosakoli atosaki mpe Nzambe te lokola. Kasi, na tango Nzambe Alobaki na Eliya ete akenda komitalisa liboso na Ahaba, mokonzi moko oyo azalaki komeka koboma ye mpona ba mbula misato na ndambo, mosakoli oyo na komitunatuna te atosaki Nzambe mpe atalisaki epai na Ye kondima na lolenge eye Nzambe Asepelaki na yango

Mpo ete Eliya atosaki mpe andimaki na nioso oyo ezalaki Liloba na Nzambe, na nzela na mosakoli Nzambe Akokaki kotalisa misala na Ye mbala na mbala. Nzambe Asepelaki na kondima na botosi na Eliya, Alingaki ye, mpe Andimaki ye lokola mosali na Ye, Atambolaki na Ye esika nioso ezalaki ye kokende, mpe Andimisaki misala na ye nioso. Mpo ete Nzambe Atalisaki kondima na Elya, ye akokaki kosekwisa bakufi, azwa biyano na Nzambe na nzela na moto, mpe kokamatama na Lola na nzela na mopepe monene. Ata soki ezali kaka na Nzambe moko oyo Afandi na Ngwende na Ye na Lola, Nzambe na Nguya-Nioso Akoki kotala nioso kati na likolo mobimba mpe Andima ete mosala na Ye esalema esika nioso Ye Azali. Lolenge tomoni kati na Malako 16:20 ete, "Bongo mpe babimi, basakoli bipai nioso. Nkolo mpe Azalaki kosala na bango elongo, Alendisi Liloba na bilembo bizalaki kobila," na tango moto elongo na kondima na ye andimami mpe azali certifier epai na Nzambe, bikamwa elongo na biyano na Ye na mabondeli na moto yango mikolandisama lokola elembo na kotalisama na mosala na Ye.

Eliya Azwaki Eyano na Nzambe na Nzela na Moto

Mpo ete kondima na Eliya ezalaki monene mpe azalaki na kotosa esengeli mpona kokoka kondimama na Nzambe, mosakoli akokaki solo kosakola mpona bokauki esengelaki koya kati na Yisalele.

Akokaki kosakola epai na Ahaba mokonzi ete, "Lokola Nzambe na Yisalele Azali na bomoi, oyo nazali kotelema liboso na Ye, mwame mpe mbuula ikozala na bilanga oyo te bobele na liloba na ngai" (1 Mikonzi 17:1).

Mpo ete Nzambe Asilaka koyeba ete Ahaba akotia bomoi nan a Elia oyo azalaki kosakola mpona bokauki, Nzambe Amemaki mosakoli na mokele na Keliti ekaukaki mpona bozangi na mbula, Nzambe Amemaki Elia na Salapeta mpe Atikaki mwasi mokufeli mobali asunga ye na bilei.

Na tango mwana mobali na mwasi mokufeli mobali akomaki malali, ekobaki mabe mpe mabe mingi, mpe sukasuka akufaki, Eliya ebelelaki Nzambe kati na kobondela ete: "E YAWE Nzambe na ngai, Tika ete molimo na mwana oyo aya lisusu epai na ye" (1 Mikonzi 17:21)!

Nzambe Ayokaki kobondela na Eliya, Azongisaki mwana na

bomoi, mpe Andimelaki ye ete abika. Na nzela na likambo oyo, Nzambe Atalisaki ete Eliya azali mosali na Nzambe mpe ete Liloba na Nzambe kati na monoko na ye ezali solo (1 Mikonzi 17:24).

Bato na ekeke na biso bazali kobika na tango wapi bakoki te solo kondima Nzambe soko kaka bamoni bilembo mpe bikamwiseli (Yoane 4:48). Mpona kotatola epai na Nzambe na bomoi lelo, moko na moko kati na biso asengeli kozala na kondima na lolenge na kondima Eliya azalaki na yango mpe bazwa mokano na kosakola Sango Malamu.

Na mbula misato na esakola na wapi Eliya alobaki na Ahaba kati na 1 Mikonzi 17:1 ete, "Mwame mpe mbula ikozala na bilanga oyo te bobele na Liloba na ngai," Nzambe Alobelaki mosakoli na Ye ete, "Kende, komimonisa epai na Ahaba mpe Nakotinda mbula likolo na mabele" (1 Mikonzi 18:1). Tomoni kati na Luka 4:25 ete "Na ntango na Eliya, wana wana ezipamaki likolo mbula misato na sanza motoba, boye, nzala monene ezalaki na mokili mobimba."

Na maloba mosusu, ezalaki na mbula te kati na Yisalele mpona mbula misato mpe ndambo. Liboso na Eliya kokende epai na Ahaba mpona mbala mibale, mokonzi alukaki na pamba mosakoli ata na ba mboka na pembeni, na kondimaka ete Eliya asengelaki na kopamelama mpona ba mbula misato na ndambo na bokauki.

Ata soki Eliya asengelaki kobomama na tango esengelaki na ye komonana liboso na Ahaba, atosaki mbala moko Liloba na Nzambe.

Na tango Eliya atelemaki liboso na Ahaba, mokonzi atunaki ye ete, "Ezali nde yo, yo mokakanisi na Yisalele?" (1 Mikonzi 18:17) Na oyo Eliya azongisaki monoko ete, "Ngai nakokakatinisa Yisalele te, kasi yo mpe libota na tata nay o, pamba te otiki malako na YAWE mpeobili ba Bala" (1 MIKONZI 18:18). Amemelaki mokonzi mokano na Nzambe, mpe abangaki soko te. Eliya akobaki na koloba na Ahaba ete, "Sasaipi tinda mpe yanganisa Yisalele mobimba epai na ngai na ngomba na Kalemele mpe basakoli nkama minei na ntuku mitano na Bala mpe basakoli nkama minei na Asela baoyo bakoliaka na mesa na Ijebele." (1 Bakonzi 18:19).

Mpo ete Eliya azalaki na koyeba malamu ete bokauki eyaki kati na Yisalele mpona kosambela bikeko na baton a ye.akanisaki ete asengelaki na kotelema na basakoli 850na banzambe na bikeko mpe ayebisa ete, "Nzambe oyo Ayanolaka na moto-Ye nde Nzambe." (1 Mikonzi 18:19).

Mpo ete Eliya andimaki ete, mosakoli atalisaki ye kondima na oyoandimaki ete Nzambe Akoyanola na moto.

Alobaki bongo na basakoli na Bala ete, "Pona ngombe moko mpona bino mpenza, mpe bongisa yango liboso, pamba te bozali mingi; bianga nkombo na nzambe na bino mpe tia moto te" (1 Bakonzi 18:25). Na tango basakoli na Bala bazwaki eyano moko te longwa tongo kino na pokwa, Eliya atumbolaki bango.

Eliya andimaki ete Nzambe Akoyanola ye na moto, kati na lokumu apesaki motindo na baton a Yisalele ete batonga etumbelo mpe basopa mai likolo na mbeka mpe likolo na ba koni, mpe abondelaki epai na Nzambe ete,

Zongisela ngai, Є YAWE, zongisela ngai,ete bato oyo bayeba ete, ε YAWE Ozali Nzambe, mpe Ozali kozongisa mitema na bango nsima (1 Mikonzi 18:37).

Na oyo, moto na Nzambe eliaki mbeka mpe nkoni mpe mabanga mpe mputulu, mpe elembolaki mai oyo izalaki kati na libulu. Na tango bato nioso bamonaki yango, bakweyaki na bilongi na bango mpe balobaki ete, "YAWE, Azali Nzambe; YAWE Azali Nzambe" (1 Mikonzi 18:38-39).

Nioso oyo esalemaki mpo ete Eliya abetaki tembe tea ta moke na tango elombaki ye Nzambe (Yakobo 1:6) mpe andimaki ete asilaki kozua oyo ezalaki ye kosenga kati na kobondela (Malako 11:24).

Mpo nini Eliya asengaki ete mai itiama likolo na mbeka mpe sima na ye abondelaki? Mpo ete bokauki na mokili esalaki mbula misato na ndambo, eloko na komonana te mpe na motuya koleka na tango wana ezalaki mai. Kati na kotondisaka ba Mbeki minei minene na mai mpe kosopa mai likolo na mbeka mbala misato (1 Mikonzi 18:33-34), Eliya atalisaki na Nzambe kondima na ye mpe apesaki epai na ye oyo ezalaki na motuya koleka epai na ye. Nzambe oyo Alingaka oyo apesaka na esengo (2 Bakolinti 9:7) andimelaki kaka Eliya te ete abuka nini elonaki ye, kasi mpe lisusu apesaki epai na mosakoli eyano na Ye na moto mpe Atalisaki liboso na Bayisalele nioso ete Nzambe na bango Azalaki solo na bomoi.

Lolenge ekolandaka biso nzela na Eliya mpe totalisi Nzambe kondima na biso, topesi epai na Ye biloko na biso milaka na motuya, mpe tomibongisi biso mpenza mpona kozwa biyano na Ye na mabondeli na biso, tokoki kotatola Nzambe na bomoi epai na bato nioso elongo na biyano na Ye na moto.

Eliya Akitisi Mbula Monene

Sima na kotalisa Nzambe na bomoi epai na Bayisalele na nzela na biyano na Ye na moto mpe komema Bayisalele bangumbameli bikeko na kotubela, Eliya abanzaki seleka esalaki ye epai na Ahaba ete-YAWE Nzambe na Yisalele Azali na bomoi, oyo nazali kotelema liboso na Ye, mamwe mpe mbula ikozala na bilanga oyo te bobele na liloba na ngai" (1 Mikonzi 17:1).

Alobaki na mokonzi ete "Buta, lia mpe mela, pamba te ezali na lokito na mbula makasi" (1 Kings 18:42), mpe amataki likolo na ngomba na Kalemele. Asalaki bongo mpona kokokisa Liloba na Nzambe ete, "Nakonokisa mbula kati na mokili," (1 Mikonzi 18:1) mpe azwaki eyano na ye.

Bongo likolo na Kalamele, Elia angumbamaki na mabele mpe atiaki elongi na ye kati na mabolongo na ye. Mpo nini Eliya abondelaki na lolenge oyo? Elia azalaki na komitungisama makasi na tango azalaki kobondela.

Na nzela na elilingi oyo, tokoki komona lolenge nini Elia abelelaki Nzambe na motema na ye mobimba. Lisusu kino tango ekokaki ye komona ye eyano na Nzambe na miso na ye moko, Elia atikaki kobondela te. Mosakoli apesaki motindo na mosali na ye ete atia miso na ye na ngambo na mai monene kino tango mosali amonaki lipata moke lokola loboko na moto, Eliya abondelaki lolenge oyo mbala sambo. Yango oyo ezalaki mingi na kokoka mpona kosimba motema na Nzambe mpe koningisa ngwende na Ye na Lola. Mpo ete Eliya anokisaki mbula sima na ba mbula misato na ndambo na bokauki, ekoki komonana ete libondeli na ye ezalaki mpenza na nguya makasi.

Na tango Elia azwaki eyano na Nzambe na nzela na moto, andimaki na bibebu na ye ete Nzambe Akosala mpona ntina na ye ata soki Nzambe Alobelaki yango te; asalaki lolenge moko na tango ekitisaki ye mbula. Na komona lipata moke lokola loboko na moto, mosakoli atindaki liloba epai na Ahaba ete,"Bongisa likalo nay o mpe kita ete mbula epekisa yo te" (1 Mikonzi 18:44). Mpo ete Eliya azalaki na kondima na oyo akokaki kotatola na bibebu na ye ata soki ye amonaki naino te (Baebele 11:1), Nzambe Akokaki kosala kolandisama na kondima na mosakoli, mpe kutu kolandisama na kondima na Elia, na tango moke likolo eyindaki na mapata mpe mopepe, mpe wana mbula makasi enokaki (1 Mikonzi 18:45).

Tosengeli kondima ete Nzambe, oyo Apesaki eyano na Ye epai na Elian a nzela na moto mpe mbula ezelamaki tango molai sima na bokauki eye esalaki ba mbula misato mpe sanza motoba, Azali Nzambe moko oyo Abenganaka mimekano mpe minyoko na biso, Apesaka na biso bosenga na motema na biso, mpe Apesaka na biso mapamboli na ye na kokamwisa.

Sasaipi, Nandimi ete bososoli ete mpona kozwa eyano na Nzambe na nzela na moto, kopesa nkembo na Ye, mpe kokokisa bosenga na motema na bino, bosengeli naino kotalisa Ye lolenge na kondima na oyo Ye Akosepela na yango, bobuka lopango soko nini na lisumu ezali kotelema kati na bino mpe Nzambe, mpe bosenga Ye eloko nioso na kobeta tembe moko te.

Ya mibale, kati na kondima bosengeli kotongela Nzambe etumbelo, bopesa ye ba nbeka, mpe bobondela makasi. Misato, kino tango ekozwa bino biyano na Ye, bosengeli kondima yango na bibebu na bino nde Nzambe Akosalela bino. Bongo Nzambe Akosepela makasi mpe Akoyanola kobondela na bino mpo ete bino bokoka kopesa nkembo epai na Ye kati na eloko kati na motema na bino.

Nzambe na biso Ayanolaka bison a tango ezali biso kobondela epai na Ye na makambo matai molema na biso, bana, nzoto malamu na biso, mosala, to mpe makambo misusu, mpe Azwa nkembo epai na biso. Tika mpe ete biso tozala na kondima lokola oyo na Eliya, tobondela kino tango tokozwa biyano na Nzambe, mpe tokoma ban aba Ye bapambolami, kopesaka tango nioso nkembo epai na Tata na biso!

Chapitre 7

Mpona Kokokisa ba Mposa na Motema na Bino

"Omisepelisa na YAWE, mpe Ye Akopesa yo mposa na motema nay o"

(Nzembo 37:4).

Ebele na bato lelo bakolukaka kozwa biyano na Nzambe na Nguya -Nioso na ebele na makambo na bango. Bakobondelaka na molende, bakokilaka, mpe bakobondelaka na mabondeli na butu mobimba mpona kozwa lobiko, kozongisa bombongo na bango ekweyaki, babota bana, mpe bazwa mapamboli na biloko. Kasi likama ezali ete ebele na bato bakokaka te kozwa biyano na Nzambe mpe bapesa nkembo epai na Ye koleka ba oyo bazali na makoki te.

Na tango bayoki sango moko ten a Nzambe mpona sanza moko to mibale, bato yango bakomitungisama, na kolobaka ete, "Nzambe Azalaka te," bakolongwa mbala moko epai na Nzambe, mpe bakobanda kongumbamela bikeko, na boye kobebisa nkombo na Ye. Soki moto azali koya kati na ndako na Nzambe kasi azangi kozwa nguya na Nzambe mpe apesa nkembo epai na Ye, lolenge nini yango ekoki kozala "kondima na solo"?

Soki moto akotatola ete andimeli solo Nzambe, bongo lokola mwana na Ye, asengeli kokoka kozwa ba mposa na motema na ye mpe akokisa nini nini azali koluka mpona kokokisa na tango na bomoi na ye kati na mokili oyo.

Kasi ebele bazangaka kokokisa ba mposa na bomoi na bango ata soki bazali kondima. Ezali mpo ete bango moko bakomiyebaka te. Kati na makomi esika wapi chapitre oyo ezwami, tika ete biso total aba nzela nini tokokaki kokokisa ba mposa na motema na biso.

Yambo, Moto Asengeli Kotala Motema na Ye Moko

Moto na moto asengeli kotala sima mpe amona soki solo andimelaka Nzambe na Nguya Nioso, to mpe kaka bandimi na motema ndambo na tango na kobetaka tembe, ezali na motema na nkandaja eye elukaka kaka mua libaku malamu. Liboso na koya na koyeba Yesu Christu, ebele na bato bakolekisaka bomoi na bango na kosanmbelaka bikeko to mpe na komitielaka motema. Kasi na tango na momekano monene to mpe na konyokwama, sima na bango kososola ete likama bakutani na yango ekoki te kozwa lisungi na makasi na moto to mpe bikeko na bango, bakonitunaka mpona mokili, bakoyokaka lolenge kani Nzambe akoki kosilisa makambo na bango, mpe sukasuka bakoyaka liboso na Nzambe.

Esika na kotia miso na bango epai na nguya na Nzambe, baton a mokili oyo bakokanisa kutu kati na tembe, ete, "Bongo Ye Akoyanola ngai te soki nalombi na Ye te? To "Malamu, tango mosusu kobondela eloki kosilisa makambo na ngai.' Kasi Nzambe na nguya nioso azali Ye oyo Atambwisaka lisituale na bato mpe bomoi na moto mpe lokola, kufa, kolakelama mabe, mpe kopambolama, Asekwisaka bakufi, Alukakalukaka motema na bato, boye Ye Ayanolaka te libondeli na moto na motema na tembe (Yakobo 1:6-8).

Soki solo moto aluki kokokisa ba mposa mabe na motema na ye, asengeli liboso kobwakisa tembe na ye mpe motema na kolukaka libaku malamu, mpe andima ete asilaki kozwa eloko nioso ezalaki ye kolomba epai na Nzambe na Nguya Nioso kati na kobondela. Kaka bongo nde Nzambe na nguya aakokitisa bolingo na Ye mpe Akondimela ye mpona kokokisa ba mposa na motema na ye.

Mibale, Assurance Mpona Lobiko na Moto npe Makambo Matali Kondima Masengeli Kotalema na Malamu

Kati na lingombaa lelo, ebele na bandimi bazali baton a makambo mingi kati na kondima na bango. Ezali kopesa motema pasi mpona kotala ebele na bato bawayawaya na molimo, ba oyo bazangi komona, likolo na lolendo na bango na molimo, yango kondima na bango ekei na nzela mabe, mpe basusu bazangi assurance na lobiko ata sima na ebele na ba mbula na bomoi na bango kati na Christu mpe mosala mpona Ye.

Baloma 10:10 elobi na biso ete, "Pamba te kondima oyo ekomisaka moto na boyengebene ezali na motema, mpe eyambweli ekokomisa moto na lobiko ezali na bibebo." Na tango bofongoli ekuke na motema na bino mpe boyambi Yesu Christu lokola Mobikisi na bino, na ngolu na Molimo Mosantu eye epesamaka mpamba longwa na likolo, bokozwa mpifo lokola mwana na Nzambe. Lisusu, na tango botatoli na bibebo ete Yesu Christu Azali Mobikisi na bino mpe bondimi kati na motema na bino ete Nzambe Asekwisa Yesu kati na bakufi, bokondima solo ete bobikisama.

Soki mpenza boyebi malamu te soki to mpe te bozwa lobiko, ezali na likama na likambo na kondima na bino. Yango ezali mpo ete, soki bozangi bondimi solo ete Nzambe Azali Tata na bino mpe ete bosila kokoma baton a Lola mpe bokomi Mwana na Ye, bokoki te kobika kati na mokano na Tata.

Mpona yango Yesu Alobi na biso ete, ""Moto na moto oyo akolobaka na Ngai Nkolo! Nkolo! Akoingela kati na Bokonzi na Likolo te, kasi ye oyo akosalaka mokano na Tata na Ngai oyo Azali na Likolo" (Matai 7:21). Soki boyokani na Tata mpe mwana mobali (to na mwasi)" ekomi naino ten a esika na motema na motema, ekoki kaka mpona moto yango akoka te kozwa biyano na Ye. Kasi ata soki koyokana yango ezwi nzoto, soki ezali na eloko malamu te kati na motema na ye na miso na Nzambe, ye akoki mpe te kozwa biyano na Nzambe.

Na bongo, soki okomi mwana na Nzambe oyo andima solo ete lobiko epesamela ye mpe atubeli mpona kozanga kobika kolandisama na mokano na Nzambe, Akosilisa likambo na bino nioso ata bokono, kokweya na bombongo, mpe mobulu kati na misolo, mpe kati na makambo nioso Akosala mpona bolamu nay o.

Soki bozali koluka Nzambe mpona likambo ezali kati na bino mpe mwana na bino, elongo na Liloba na solo Nzambe Azali kosunga bino mpona kososola likambo nioso mpe makambo ezalaka kati na bino moko mpe mwana na bino. Tango na tango, mbeba ezali na ngambo na mwana; kasi mingi mingi, ezalaka baboti nde basengelaka na kopamela mpona ba kokoso na bana na bango. Liboso na kobanda kotalisa lisapi, soki baboti bango moko balongwe na ba nzela na bango mabe mpe batubeli mpona yango, babundi mpona kokolisa bana na bango malamu, mpe batiki nioso na maboko na Nzambe, Akopesa na bango bwanya mpe Akosalela bango mpona malamu na baboti mpe na bana na bango.

Na boye, soki bokoyaka na na ndako na Nzambe mpe bokolikia kozwa biyano na kotungisama na bana na bino, bokono, misolo, mpe bongo na bongo, esika na kokila makasi, kobondela, to mpe na kobondelaka butu mobimba, bosengeli naino komitala kati na solo nini ekangaki nzela kati na bino mpe Nzambe, botubela, mpe bolongwa na yango. Bongo Nzambe Akosala bongo mpona bolamu lolenge ekozwa bino kotambwisama na Molimo Mosantu. Soki bokomekaka at ate na kososola, koyoka Liloba na Nzambe, to mpe kobika kati na yango, libondeli na bino ekomema biyano na Nzambe te. Pamba te ezali na bisika mingi esika wapi bato bazangaka na kokanga solo nioso mpe bakozangaka kozwa biyano na Nzambe mpe mapamboli, biso nioso tosengeli kokokisa ba mposa na motema na biso na koyebaka ete lobiko na biso ezali solo mpe na kobika kolandana na mokano na Nzambe (Dutelonome 28:1-14).

Misato, Bosengeli Kosepelisa Nzambe na Misala na Bino

.Soki moto na moto andimi Nzambe Mokeli mpe andimeli Yesu Christu lokola Mobikisi na Ye, na lolenge ekoyekola ye solo mpe akongengisama, molimo na ye ekotambola malamu. Lisusu, lolenge ekokoba ye kososola motema na Nzambe, akoki kobika bomoi na ye na nzela oyo ezali kosepelisa Ye. Na tango bana mike na mbula mibale to mpe misato bayebaka te lolenge nini bakoki kosepelisa baboti na bango, na tango na bokolo to mpe na bolenge na bango bakoyeba kopesa bango esengo. Na lolenge moko, na lolenge bana na Nzambe bakososola mpe bakobikaka kati na solo, nde bakoka kosepelisa mingi na koleka Tata na bango.

Lisusu mpe lisusu, Biblia elobeli biso mpona ba nzela oyo batata na biso kati na kondima bazwelaki biyano na mabondeli na bango kati na kosepelisaka Nzambe. Lolenge nini Abalayama asepelisaka Nzambe? (Abalayama azalaka tango nioso kokanisa mpe abikaka kati na kimia mpe na kobulisama (Genese 18:1-10), mpe atosaka ye na mobimba kati na kozanga kosangisa makanisi na ye moko (Baebele 11:19; Genese 22:12), mpo ete andimaka ete Nzambe Akoki kosekwisa bakufi. Lokola lifuti, Abalayama azwaki lipamboli na YAWE Jireh to m[e, NKOLO Akopesa," mapamboli na bana, mapamboli na misolo, mapamboli na nzoto makasi, mpe bongo, mpe mapamboli na makambo nioso (Genese 22:16-18,24:1).

Nini esalaki Noa mpona kozwa mapamboli na Nzambe? Azalaki moto na sembo, na mbeba te kati na baton a ekeke na ye, mpe atambolaki elongo na Nzambe (Genese 6:9). Na tango esambiseli na mai izipaka mokili mobimba, kaka Noa elongo na libota na ye nde bakokaka kokima esambiseli mpe bazwa lobiko. Pamba te Noa atambolaka elongo na Nzambe, akokaka koyoka mongongo na Nzambe mpe asala masua mpe amema ata libota na ye kati na lobiko.

Na tango mwasi mokufeli mobali kati na Salepata kati na 1 Mikonzi 17:8-16 alonaka nkona na kondima kati na mosali na Nzambe Elia na tango na bokauki na mbula misato mpe ndambo kati na Yisalele, azwaki ebele na mapamboli. Lolenge etosaki ye kati na kondima mpe asalelaki Elian a mapa esalemaka kaka na mua farine moke kati na nzungu mpe moke na mafuta kati na molangi, Nzambe Apambolaki ye mpe Akokisaki Liloba na Ye na esakoli kolobaka ete, "Mbeki na nfufu mpe molangi na mafuta ikokauka te kino mokolo mokotinda YAWE mbula likolo na mabele" (v.14).

Mpona mwasi kati na Suneme kati na 2 Mikonzi 4:8-17 asalelaki mpe mosali na Nzambe Elisa na kolandela na likolo koleka mpe na kotosa, azwaki lipamboli na kobota mwana. Mwasi asalelaki mosaku na Nzambe te mpo ete alingaki eloko epesamela ye, kasi mpo ete ye alingaki Nzambe kati na motema na ye.

Bongo yango ebongaki te ete mpona yango mwasi oyo asengelaki kozwa lipamboli na Nzambe?

Ezali mpe pasi te mpona koloba ete Nzambe Asengelaki na kosepela mingi na kondima na Daniele mpe na baninga b aye misato. Ata soki Daniele akokaki kobwakama kati na libulu na ba nkosi mpo ete abondelaki Nzambe, abimaki na libulu yango na mpota ata moko te mpo ete atielaki Nzambe elikia (Daniele 6:16-23). Ata soki baninga basato na Daniele bakangemaki kamba mpe babwakamaki kati na litumbu na moto monene mpo ete bango basambelaki te ekeko, bango bapesaki nkembo monene epai na Nzambe na tango batambolaki libanda na litumbu na moto makasi na eteni moko ten a ba nzoto na bango kozika to mpe kozwa ata elembo na moto.(Daniele 3:19-26).

Kapitene kati na Matai 8 akokaki kosepelisa Nzambe na kondima na ye monene mpe, kolandisama na kondima na ye, azwaki biyano na Nzambe. Na tango ayebisaki Yesu ete mosali na ye akangamaki misisa mpe azalaki na pasi monene. Yesu Asengaki ete Akenda na ndako na Kapitene mpe Abikisa moumbo na ye. Kasi, na tango kapitene alobelaki Yesu ete, "Loba se liloba lioko, mpe mosali na ngai akobika," mpe atalisaki kondima na ye monene mpe bolingo na ye monene mpona mosali na ye (et.8), Yesu Akumisaki ye ete, "Solo Nazali koloba na bino, Nakuti kondima na bongo ata kati na Yisalele te" (et.10). Mpo ete moto akozwaka eyano na Nzambe kolandisama na kondima na ye, moumbo na kapitene abikaki kaka na ngonga moko wana. Haleluyah!

Ezali lisusu na mingi. Kati na Malako 5:25-34 tomoni kondima na mwasi oyo azalaki konyokwama ba mbula 12 mpona kotangisa makila.. Ata ete ebele na minganga bazalaki kolandela ye mpe misolo ebebisaki ye, makasi na nzoto na ye ikobaki na kobeba. Na tango eyokaki ye sango na Yesu, mwasi yango andimaki ete akokaki kobika kaka soki esimbaki ye elamba na Ye. Na tango ayaki nsima na Yesu mpe Asimbaki elamba na ye na libanda, mwasi yango abikaki kaka na ngonga moko wana.

Motema na lolenge nini kapitene na nkombo na kolonele kati na misala 10:1-8 azalaki na yango mpe na nzela nini ye, Mopaya, asalelaki Nzambe mpe ete libota na ye mobimba ekoka kozwa lobiko? Tomoni ete Kolonele mpe libota na ye mobimba bamipesaki mpe bazalaki kobanga Nzambe; mpe apesaki kati na esengo epai na bazangi mpe abondelaki epai na Nzambe na momesano. Na bongo, mabondeli mpe mabonza na Kolonele epai na babola eyaki lokola mbeka na kobanza liboso na Nzambe mpe na lolenge ezalaki Petelo kotala ndako na ye mpona kongumbamela Nzambe, moto nioso kati na libota na Kolonele ayambaki Molimo Mosantu mpe abandaki koloba na minoko na sika.

Kati na misala 9:36-42 tomoni mwasi na nkombo na Tabita (oyo nkombo na ye elakisi Dorcas) oyo asala tango nioso malamu mpe asungaki babola, kasi akomaki na bokono mpe akufaki. Na tango Petelo ayaki mpona bosenga makasi na bayekoli, akitaki na mabolongo na ye, mpe abondelaki, Tabita azongelaki bomoi.

Na tango ban aba Ye bakokisi mosala na bango malamu mpe basepelisi Tata na bango, Nzambe na bomoi Akokisaki mposa na mitema na bango mpe kati na makambo nioso Asalaki mpona bolamu na bango. Na tango tokoki solo kondima na likambo oyo, kati na bomoi na biso tokozwaka tango nioso biyano na Nzambe. Kati na kosolola to mpe kolobana na tango na tango, Nayokaka masolo na bato oyo bazalaka na kondima monene, basalelaka lingomba malamu, mpe bazalaka sembo, kasi bayaka kotika Nzambe sima na tango na mimekano mpe minyoko. Tango nioso, nakokaka te koyoka motema pasi mpona bozangi na bato mpona koyeba kososola na molimo.

Soki bato bazalaka na kondima na solo, bakoki te kotika Nzambe ata na tango momekano eyei na nzela na bango. Soki bazalaka na kondima na molimo, bakozala na kosepela, kopesa matondi, mpe bakobondela ata na tango na mimekano mpe minyoko. Bakotikala na kobwakisa Nzambe te, bamekama, to mpe bazanga mosala na bango mpona Ye. Na tango mosusu bato bakoki kozala sembo kati na elikia na kozwa mapamboli to mpe na kondimama epai na basusu. Kasi libondeli na kondima mpe libondeli etondisama na elikia na solo ekoki kososolama na pete na lifuti ekotalisama na yango. Soki moto azali kobondela na kondima na molimo, libondeli na ye solo ekolandisama mingi na misala mizali solo kosepelisa Nzambe, mpe ye akopesa nkembo makasi epai na Ye na kokokisaka ba mposa na motema na ye moko na moko. Elongo na Biblia lokola etambwiseli na biso, totali lolenge nini batata na biso kati na kondima batalisaka kondima na bango epai na Nzambe mpe na motema na lolenge nini bakokaki kosepelisa Ye mpe bakokaisa ba mposa na mitema na bango.

Mpo ete Nzambe Apambolaka, lolenge elaki Ye, bato nioso oyo basepelisaka Ye- lolenge Tabita oyo azongisamaki na bomoi asepelisaka Ye, lolenge mwasi azanga mwana na Suneme oyo apambolamaki na mwana mobali asepelisaka Ye, mpe lolenge mwasi oyo asikolamaki na kotanga na makila na mbula 12 asepelisaka Ye- Tika ete biso tondima mpe totia miso na biso epai na Ye.

Nzambe Alobi na biso ete, "Soki Ookoki?' Nioso ekoki na ye oyo andimi" (Malako 9:23). Na tango tondimi ete Ye Akoki kosukisa makambo na biso nioso, totiki epai na Ye makambo na biso nioso matali kondima na biso, bokono, bana, mpe misolo mpe tomitiki epai na Ye, solo Ye Akolandela nioso oyo mpona biso (Nzembo 37:5).

Kati na kosepelisa Nzambe oyo Akosaka te kasi akokisaka nioso oyo Ye Aloba, tika ete moko na moko kati na bino akokisa posa na motema na ye, bopesa nkembo monene epai na Nzambe, mpe bobika bomoi epambolama, na nkombo na Yesu Christu Nabondeli!

Mokomi:
Dr. Jaerock Lee

Dr Lee abotama na Muan Province na Jeonnam, Republique na Coree, na 1943. Na tango azalaka na ba ntuku mibale ma ye, Dr. Lee anyokwama na ba bokono kilikili mpona ba mbula sambo mpe azalaka kaka kozela kufa na elikya moko te na kozongela nzoto malamu. Kasi mokolo moko kati na tango moi elingaka kokoma makasi mingi na 1974 akambamaki na egelesia epai na kulutu na ye ya muasi mpe na tango afukamaki mpona kobondela, Nzambe na bomoi Abikisaki ye na mbala moko na ba bokono na ye nioso.

Banda mokolo akutanaki na Nzambe na Bomoi na nzela na likambo wana na kokamwisa, Dr. Lee alinga Nzambe na motema na ye mobimba kati na bosolo, mpe na mbula 1978 abiagamaki mpona kokoma mosali na Nzambe. Abondelaka makasi mingi na kokila mingi na bilei mpo ete akoka kososola malamu mingi mokano na Nzambe, akokisa yango na mobimba mpe atosa Liloba na Nzambe. Na 1982, abandisaka Manmin egelesia Central na Seoul, Korea na ngele, mpe misala mingi na Nzambe, ata, bikamwa na lobiko, bilembo mpe bikamwiseli, mibanda kati na lingomba na ye wuta wana.

Na 1986, Dr. Lee azalaki ordonner lokola Pasteur na Mayangani na Mbula Mobimba na Yesu' Egelesia Sungkyul na Coree, mpe sima mbula minei na 1990, mateya ma ye mabanda kotalisama na Australie, Rusia, mpe ba Philippines. Kaka sima na tango moke ba mboka ebele koleka mikomaki mpe kolanda o nzela na Companie na telediffusion na asia na moi kobima, Stion na telediffusion na Asia, mpe Systeme Radio na Bakristu na Washington.

Mbula misato na sima, na 1993, Egelesia Central Manmin eponamaki lokola moko na "Mangomba 50 na Mokili" na magazine na Mokili na Bakristu mpe azwaka Doctora Honorius na Bonzambe na College na Kondima na Bakristu, na Floride, America, mpe na 1996 azwaka Ph.D. na Mosala na Nzambe na Kingsway Seminaire ya Theologique, na Iowa, America.

Wuta 1993, Dr. Lee abanda kopalanganisa sango malamu kati na mokili mobimba na nzela na ba croisade na bikolo na bapaya na Tanzanie, Argentine, L.A., Baltimore City, Hawai, mpe na New York na America, Uganda, Japon,

Pakistan, Kenya, Philippine, Honduras, Inde, Russie, Allemagne, Peru, Republique Democratique ya Congo, Yisalele mpe Estonie. Na 2002 andimamaka lokola "molamusi na mokili mobimba" mpona mosala na ye na nguya na ba croisade ebele na bikolo na bapaya na ba Makasa minene na ba Sango na Bakristu na Coree. Mingi mingi ezalaki Croisade na ye na New York City na Madison Square Garden, Ndako na ekenda Sango mokili mobimba. Milulu etalisamaki na ba mboka 220, mpe na 'Croisade na ye na Yisalele na 2009', esalamaki na Centre na Convetion International (CCI) na Yelusaleme Atatolaka na Mongongo makasi été Yesu Christu Azali Messia mpe Mobikisi.

Kobanda sanza na Mai na 2013, Egelesia Central Manmin ezali na lingomba koleka 120,000 na bato. Ezali na ba branche 10 ,000 na ba egelesia na mokili mobimba mpe ba branche 56 na mboka, mpe na ba missionaire 123 batindama na ba mboka 23, ata America, Rusia, Allemagne, Canada, Japon, China, France, Inde, Kenya, mpe mingi koleka.

Kino na mokolo na kobimisa buku oyo, Dr. Lee akoma ba buku 63, ata ba buku mikenda sango lokola, Komeka bomoi na seko liboso na kufa, Bomoi na ngai bondimi na ngai I &II, Sango na ekulusu, bitape kati na kondima, Lola I & II, Hell, Lamuka Yisalele!, mpe Nguya na Nzambe. Misala ma ye mikomama na ba koto koleka 67.

Ba kolone na makomi ma ye na Bakristu mibimaka na Haankook Ilbo, Hebdomadaire Joong Ang, Chosun Ilbo, Dong-A Ilbo, Munhwa Ilbo, Seoul Shinmun, Kyughyang shinmun, Hebdomadaire economique na Coree, Herald Coreen, Ba Sango Shisa, mpe presse Chretienne.

Sasaipi Dr. Lee azali mokambi na ba organization missionaire ebele mpe na masanga. Ebonga na ye ezali: President, Lisanga na ba egelesia na Yesu Christu na kobulisama; President, Manmin Mission na Mokili mobimba. Na Lelo President, BoKristu na mokili mobimba na Mission na Association na Bolamuki; Fondateur & President na conseil na Administration, Reseau Mondiale na ba Minganga Bakristu (WCDN) ; mpe mobandisi & President na conseil d'administration, Seminaire Internationale Manmin (MIS).

Other powerful books by the same author

Heaven I & II

A detailed sketch of the gorgeous living environment the heavenly citizens enjoy and beautiful description of different levels of heavenly kingdoms.

The Message of the Cross

A powerful awakening message for all the people who are spiritually asleep In this book you will find the reason Jesus is the only Savior and the true love of God.

Hell

An earnest message to all mankind from God, who wishes not even one soul to fall into the depths of hell! You will discover the never-before-revealed account of the cruel reality of the Lower Grave and hell.

Tasting Eternal Life Before Death

A testimonial memoirs of Dr. Jaerock Lee, who was born gain and saved from the valley of death and has been leading an exemplary Christian life.

The Measure of Faith

What kind of a dwelling place, crown and reward are prepared for you in heaven? This book provides with wisdom and guidance for you to measure your faith and cultivate the best and most mature faith.

www.urimbooks.com

www.ingramcontent.com/pod-product-compliance
Lightning Source LLC
LaVergne TN
LVHW010550070526
838199LV00063BA/4929